21 世纪高职高专教材·财经管理系列

经济学基础

主　编　王　玮　孙子慧　葛照领
副主编　王彦霖　董连凯　李　宁

清华大学出版社
北京交通大学出版社
·北京·

内 容 简 介

经济学是经济管理类专业的基础课，主要说明市场经济运行规律以及改善市场经济运行的途径。本书包括微观经济学和宏观经济学，微观经济学研究个人和厂商效益最大化，包括均衡价格理论和弹性理论、消费者行为理论、生产理论、成本理论、市场理论、收入分配理论以及市场效率分析；宏观经济学研究一国整体经济发展，包括宏观经济指标、国民收入决定、失业与通货膨胀、经济增长与经济周期、宏观经济政策。

本书思路清晰、内容简洁、通俗易懂。本书适合高职高专财经商贸类专业作为教材使用。

图书在版编目（CIP）数据

经济学基础 / 王玮，孙子慧，葛照领主编 ；王彦霖，董连凯，李宁副主编. -- 北京：北京交通大学出版社 ：清华大学出版社，2024.12.-- ISBN 978-7-5121-5428-5

Ⅰ. F0

中国国家版本馆 CIP 数据核字第 2024L7X099 号

经济学基础
JINGJIXUE JICHU

责任编辑：田秀青
出版发行：清 华 大 学 出 版 社　邮编：100084　电话：010-62776969　http://www.tup.com.cn
　　　　　北京交通大学出版社　邮编：100044　电话：010-51686414　http://www.bjtup.com.cn
印 刷 者：北京鑫海金澳胶印有限公司
经　　销：全国新华书店
开　　本：185 mm×260 mm　印张：10.75　字数：275 千字
版 印 次：2024 年 12 月第 1 版　2024 年 12 月第 1 次印刷
定　　价：39.00 元

本书如有质量问题，请向北京交通大学出版社质监组反映。对您的意见和批评，我们表示欢迎和感谢。
投诉电话：010-51686043，51686008；传真：010-62225406；E-mail：press@bjtu.edu.cn。

前言

经济学是经济管理类专业的基础课，主要说明市场经济运行规律以及改善市场经济运行的途径。本书包括微观经济学和宏观经济学：微观经济学研究个人和厂商效益最大化，包括均衡价格理论和弹性理论、消费者行为理论、生产理论、成本理论、市场理论、收入分配理论以及市场效率分析；宏观经济学研究一国整体经济发展，包括宏观经济指标、国民收入决定、失业与通货膨胀、经济增长与经济周期、宏观经济政策。

本书贯彻党的二十大精神，根据高职高专教育的特点，产教融合，校企合作，以适应社会需要为目标，以培养技术应用能力为主线，提升学生的专业知识和职业技能。本书思路清晰、内容简洁、通俗易懂。本书的案例分析能帮助学生更好地理解理论内容，学以致用；经济历史展现经济思想、经济学家故事及经典作品，能帮助学生了解经济学发展历史。

本书融入了编者多年的教学经验和成果，参考了若干国内外经济学经典教材，在此向所有参考文献的编者和对本书给予支持和帮助的老师表示衷心感谢！经济学理论与实践不断发展，书中难免存在疏漏和不足之处，恳请专家和读者批评指正。

编　者

2024 年 9 月

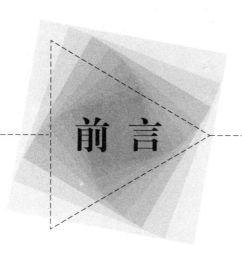

目录

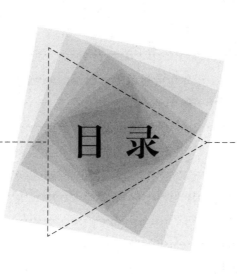

第一章 引　　论

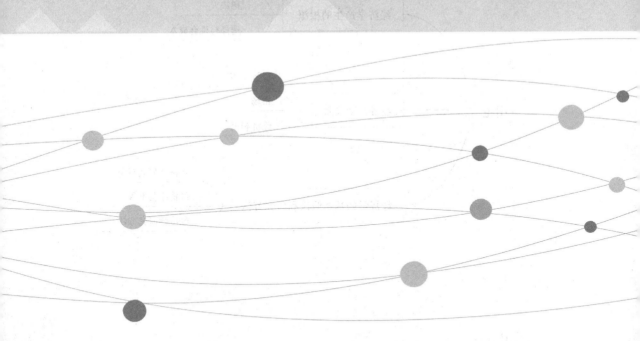

学习目标

知识目标：

1. 了解经济学概念。
2. 理解经济活动关系。

能力目标：

能运用经济学研究方法分析经济问题。

思维导图

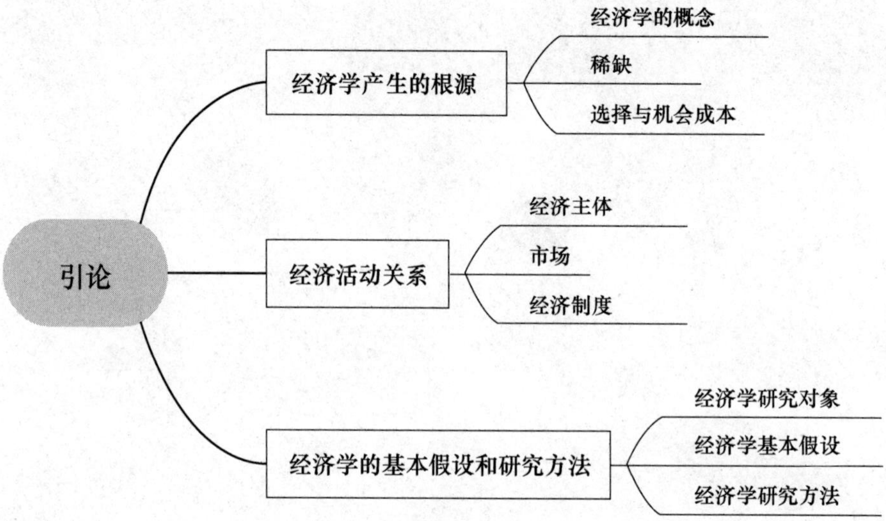

第一节 经济学产生的根源

案例分析

田忌赛马

（根据黄典波《趣味经济学100问》的相关资料整理）

《史记》记载了田忌赛马的故事。田忌经常与齐王及诸公子赛马，但每次田忌和齐王赛马都会输，原因是田忌的马比齐王的马稍逊一筹。孙膑发现齐王和田忌的马大致分为上、中、下三等，于是对田忌说："用您的下等马对付齐王的上等马，用您的上等马对付齐王的中等马，用您的中等马对付齐王的下等马。"三场比赛后，田忌一场落败两场得胜，最终赢得了比赛。

同样是三匹马，由于选择的配置方法不同，结果就大不相同。经济学是关于资源配置的学问，如果资源配置合理，经济效益就会显著提高。

一、经济学的概念

（一）亚当·斯密的经济学概念

被称为经济学之父的亚当·斯密在其1776年出版的《国民财富的性质和原因的研究》中，把经济学定义为增加国民财富问题的研究。亚当·斯密被公认为古典经济学的代表，他开创了现代意义上经济学研究的先河，在他之前的经济学，均不属于现代意义上的经济学。例如：古希腊色诺芬的《经济论》，实际上是家庭管理学说；法国孟克莱田1615年发表的《献给国王和王太后的政治经济学》，首先使用了"政治经济学"一词，实际上是重商主义学说；法国魁奈（路易十四的宫廷医生）的《经济表》，体现的是重农主义思想等。

（二）马歇尔的经济学概念

英国经济学家马歇尔，在其1890年出版的《经济学原理》中这样写道："经济学是一门研究人类一般生活事务的学问”。

马歇尔是新古典经济学的集大成者，一直到20世纪30年代，他的学说还支配着英语世界的经济学说。

（三）萨缪尔森的经济学概念

美国当代经济学家、1970 年诺贝尔经济学奖获得者萨谬尔森在其《经济学》中对经济学研究的内容定义为：劳动、资本、土地价格及其配置；金融市场行为及其资本配置；收入分配以及对穷人的援助；政府预算以及对经济的影响；经济周期性波动及其应对政策；各国贸易模式和贸易壁垒影响；穷国发展并提出资源利用建议。

结合以上内容，经济学的概念可以归纳为：研究社会如何利用稀缺资源生产有价值的商品，并将其分配给不同人的科学。这个概念包含了经济学两大核心思想：物品是稀缺的、社会必须有效利用资源。正是因为稀缺性和追求效益的愿望，才使经济学成为一门重要学科。

二、稀缺

稀缺，即社会资源无法满足人类的欲望要求。资源是生产过程中所投入要素的总称，包括劳动、资本、土地、企业家才能等。

劳动是人类所拥有的体力劳动和脑力劳动的总和，教育可增进人力资本。

资本是人类生产的用于生产其他产品的物质资料，如工具、设备、房屋、材料等。

土地是土地及土地所具有的一切自然资源，如森林、矿藏、江河湖海等。

企业家才能是企业家组织生产、经营管理、开拓创新和承担风险的能力总和。

资源可分为经济资源和自由资源，经济资源是指必须付出一定代价才能获得的资源，自由资源是指可以免费获得的资源。经济学研究的是经济资源的利用问题。

三、选择与机会成本

有限资源与人类无限欲望的矛盾，要求人类必须根据资源条件选择满足最主要的欲望。

一定资源选择某种用途的机会成本是其所放弃的其他用途中的最高代价，经济学意义上的选择原则是收益大于或等于机会成本。

经济历史

经济起源

1万多年前，在土耳其的小亚细亚，一个由猎人和采集者组成的部族面临食物资源匮乏的困境。部族中一位年轻妇女因担忧饥饿和后代生存，采取了一种前所未有的行为：她收集部落排泄地附近的谷物，将其重新埋入土中能收获新的谷物。这一行为违背了部族长期依赖神灵恩赐野兽、鱼虾、野菜、谷物和森林果实的生活习惯，被巫师视为亵渎神灵，从而要求部族迁徙。然而这一创新行为最终被证明是有益的。春天来临时，这位年轻妇女播种的地方长出新的秧苗，这为部族提供了额外的食物来源。尽管这一行为最初遭到拒绝和惩罚，但是随着时间的推移和连续的严冬，部族的新巫师认识到这一做法的价值，并鼓励所有妇女效仿。这一改变标志着人类社会从狩猎采集时期向农业社会过渡，是新石器时代革命的开始。

新石器时代革命是人类历史上一次重大转变，它彻底改变了人们的生活方式，是定居生活的开始，也带来农业和家畜饲养的兴起。这种变革不仅提高了食物的稳定性，还促进了人口增长和社会发展。这位最初被视作“罪人”的年轻妇女，最终因其创新而受到尊敬，成为部族的智者和领导者，象征着种子和生育女神。这一故事阐释了新石器时代祖先发明了农业，也发明了“经济”，展示了人类适应环境、创新和进步的能力，是经济学起源和发展的生动例证。

第二节　经济活动关系

案例分析

一只看不见的手

（根据宁牧达《20几岁必须要知道的经济学常识》的相关资料整理）

在一个寒冷的下雪天，小白菜的价格突然从2元/kg飙升到6元/kg。菜农解释说，由于天气恶劣，采摘困难，运输成本上升，导致市场供应减少，而需求并未减少，价格自然上涨。那么是谁在影响价格的波动？归根结底是市场行情，当商品供不应求时，价格就会上涨。

市场经济中，消费者根据效用最大化原则做出购买决策，而生产者则追求利润最大化。价格由供求关系决定，竞争促进产品和服务质量提升。通过竞争，消费者能以更低的价格获得更好的产品；厂家会研发新技术，推动科技发展及社会资源合理利用。

总之，市场经济通过供求关系和竞争机制，实现资源的有效配置，促进社会财富增长和科技进步，最终使消费者、生产者和社会整体受益。

一、经济主体

经济主体，即经济活动的参与者和决策者，包括居民户、厂商和政府。

（一）居民户

居民户是经济活动中独立决策的基本单位，通过提供资源增加家庭收入（如劳动力、有形资产、无形资产），消费欲望受家庭收入的限制。

（二）厂商

厂商是生产产品或劳务的经济组织，以法人形式开展经济活动，通过利用资源实现盈利目标，经济决策受利益驱动。

（三）政府

政府是提供社会服务（如维护秩序、公共安全和公益服务）和进行产品再分配（如税收、救济、公益事业）的行政组织。政府的经济决策受制于公平与效率的均衡。

二、市场

市场是经济主体之间联系的制度安排，包括自发或非自发形成的交易场所安排、约定俗成的交易惯例安排、法规规定的交易制度安排等。市场可分为以下两大类：

（一）产品市场

产品市场用于消费的产品和劳务的交易，不包括用于生产的物质资源。

（二）要素市场

要素市场用于生产的资源交易，包括劳动力、土地和资本。

三、经济制度

经济制度是协调人们经济行为的规范。

（一）市场经济

市场经济是指资源配置主要由市场调节的经济制度，即市场经济主要依靠价格机制来推动，政府的作用是维护秩序、公共服务、财产保护。

（二）计划经济

计划经济是指资源配置主要由计划调节的经济制度，即计划经济主要依靠政府行政命令来推动，政府是经济活动的集中决策者。

（三）混合经济

混合经济是指市场机制和政府调控相结合的经济制度，消费领域的资源配置由市场决定，重要经济部门由政府控制，政府对市场进行适当干预。

经济历史

产品交易

随着农业、商业和社会组织的出现，技术得到长足发展。原始人学会了种植作物和驯养动物，改变了以往四处漂泊、茹毛饮血的生活方式，世界各大流域的农业集居地蓬勃发展，如尼罗河、底格里斯河、幼发拉底河、印度河和黄河。这些流域土地肥沃，收获的粮食能够养活更多人口，于是人们开始注重手工技艺，制作陶器、工具、武器，这些手工艺制品越来越多地被用于与邻近部落交易。人们发明车子和驯化动物后，可以长距离运输大型的货物，也促进了贸易发展。

在产品交易实践中苏美尔人发明了文字，并在古老的泥板上把产品交易用合同固定下来。尤其对大笔交易，双方必须得到保障，对违反协议的人可以进行惩罚。只有通过这样可靠的协议，才能持久地同关系并不亲密或根本就不认识的人进行分工，才能保证产品交易按协议进行。

第三节　经济学的基本假设和研究方法

案例分析

经济学家的办法

（根据人大经济论坛的相关资料整理）

有三个人漂流到一个荒岛上，一位是化学家，一位是工程师，还有一位是经济学家。岛上没有食物，后来他们发现一箱被冲上岸的罐头，可是没有办法打开这些罐头，于是决定发挥每个人的专长，找到解决问题的办法。化学家在周围寻觅各种矿物质，给它们加热产生一种化合物，通过腐蚀作用打开罐头。工程师在周围寻找一些石头，然后计算一棵树的高度，从多高的树上落下石头能打开罐头。经济学家却静坐下来，陷入沉思，“假如我有一把开罐头的起子就好了……”。

现实世界复杂多样，经济模型必须做出各种简化与假设，离开这些假设，经济学的理论框架将难以建立。一定假设是经济学研究的方法论，因为任何理论都是有条件的、相对的，所以在理论形成中假设非常重要，离开一定的假设条件，分析与结论都毫无意义。

一、经济学研究对象

经济学研究对象是随着人们对它认识的加深而不断深化的。现代经济学认为，经济学的研究对象是如何有效配置和利用经济资源，最大限度满足人们的需求。

二、经济学基本假设

因经济活动复杂，为简化分析、抓住本质，经济学需要做出许多假设，常用的基本假设包括以下两种：

（一）完全理性

消费者追求效用最大化，厂商追求利润最大化。

（二）完全信息

厂商和消费者均可获得完备而准确的信息。某种产品的生产者可以按照需求信息和边际效益原则组织生产，其他竞争者了解该产品的成本和价格信息，消费者能够在各个厂商的产品中进行正确选择。

三、经济学研究方法

（一）均衡分析

均衡，是指经济现象中各种对立的、变动着的力量，处于一种力量相当、相对静止、不再变动的状态。

均衡分析，是指在一定假设前提下，分析经济均衡状态形成的条件、原因、过程及其作用。均衡会随着条件变化被打破，在新条件下形成新的均衡。

（二）静态分析和动态分析

静态分析，是指在既定条件下考察某一经济事物在经济变量相互作用下实现均衡状态的特征。

比较静态分析，是指考察原有条件变化后，原有均衡状态所发生的变化，即对新旧均衡状态进行比较分析。

动态分析是指考察在时间变化过程中均衡状态的实际变化过程。

（三）实证分析和规范分析

实证分析，是指排斥一切价值判断，只研究经济本身的内在规律，即“是什么”。

规范分析，是指以一定的价值判断为基础分析处理经济问题，即“应该是什么”。

（四）经济模型和经济变量

经济模型，是指同研究对象有关的经济变量之间相互依存关系的理论结构。

经济变量包括内生变量和外生变量，内生变量即一定经济模型内部因素决定的变量，外生变量即一定经济模型外部因素决定的变量。

经济历史

实证分析和规范分析

实证分析和规范分析是常用的经济学研究方法。实证分析主要研究经济现象的内在规律，通过定义经济变量、设立假设条件、提出假说、预测未来并用事实验证，以回答“是什么”，这种方法具有客观性，结论能经受事实检验。规范分析则基于价值判断，提出经济分析和政策制定的标准，回答“应该是什么”，结论受价值观影响。

尽管两者有明显区别，但它们并非完全对立。规范分析需要实证分析作为基础，而实证分析也需要规范分析作为指导。具体问题更具有实证性，宏观决策问题更具有规范性。实证分析为形成理论提供方法，通过定义、假设、预测和验证，形成或修正理论。规范分析关注经济事物的社会价值，为经济政策提供依据。两者相互补充，共同推动经济学研究的深入发展。

第二章　均衡价格理论和弹性理论

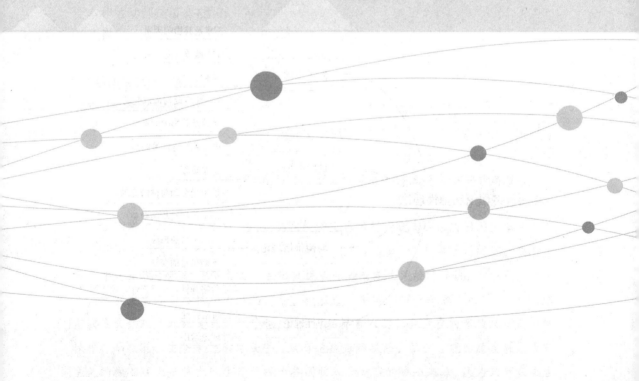

学习目标

知识目标：

1. 掌握需求、供给与价格的关系。
2. 掌握均衡价格决定与变动。
3. 了解需求弹性和供给弹性。

能力目标：

1. 能根据需求、供给计算均衡价格和均衡数量。
2. 能根据需求价格弹性判断价格变动对总收益的影响。

思维导图

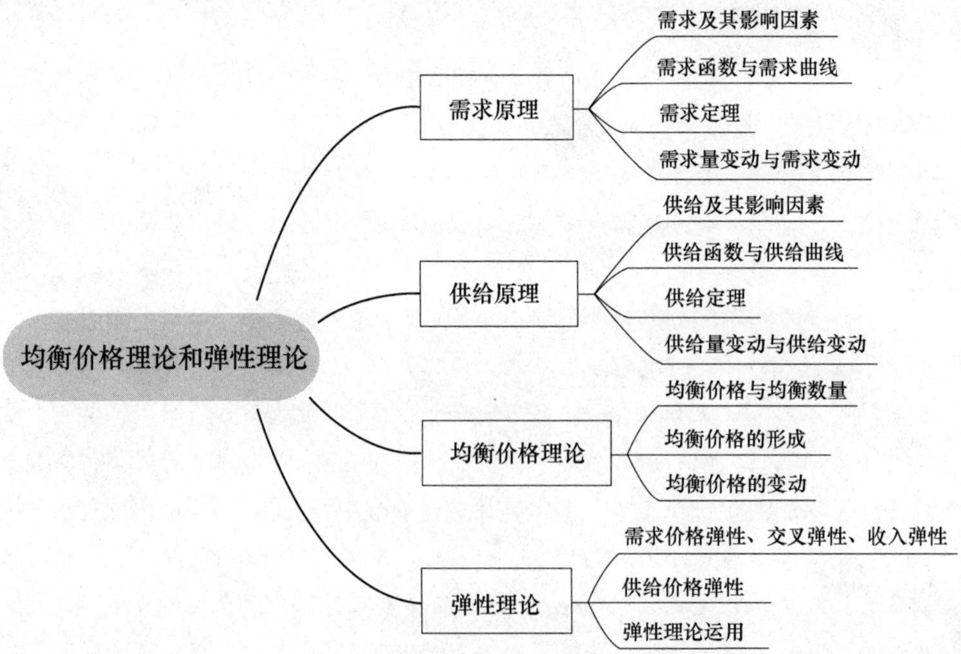

第一节　需求原理

案例分析

生虫的大米

（根据毛丽芹《微观经济学》的相关资料整理）

2003 年非典疫情期间，人们盛传大米涨价，而且大米的市场价格也确实上涨了。这导致许多人抢购大米，进一步推高了大米的价格。一位刚从农村迁至城市的农民因为过去饥饿的经历变得格外紧张，一看到大米涨价，便立刻购买了 20 袋大米。然而，一个多月后，随着非典疫情得到有效控制，大米的价格回落至正常水平，而那位农民所购买的 20 袋大米最终因时间过长而生了虫子。

消费者对未来价格的预期会影响商品的需求量，当消费者预期某种商品价格上涨时，就会增加当前的需求。此人基于自己的心理预期，对大米价格走势做了错误判断，导致需求失误。

一、需求及其影响因素

（一）需求

需要是指消费者的消费欲望，是一种主观愿望，与客观条件无关（如价格、收入）。

需求，也被称为有效需求，是指在一定价格条件下消费者愿意并且能够购买的商品数量，必须同时具备两个条件：购买欲望和购买能力。

（二）需求的影响因素

1. 商品本身的价格

需求量与价格呈反方向变动。

2. 消费者收入水平

正常商品需求与收入呈正方向变动，低档商品需求与收入呈反方向变动。正常商品与低档商品因人而异，同一个人也因时而异。

3. 相关商品价格

相关商品包括替代品和互补品。

替代品是指能够满足人们同一需求或相似需求的商品，如不同种类的衣服、食品、日用品等。一种商品的替代品价格上升，会引起该商品的需求增加。

互补品是指配合使用才能满足人们某一需求的商品，如汽车与汽油、电与家电等。一种商品的互补品价格上升，会引起该商品的需求减少。

4. 消费者预期

消费者对自身收入的预期：预期未来收入稳定增长，需求增加。

消费者对商品价格的预期：预期商品未来价格上涨，现期需求增加。

5. 消费者偏好

消费者偏好是指消费者对某种物品的喜好。对某种商品的偏好会导致需求增加。广告宣传有改变人们偏好的作用，从而改变需求。

二、需求函数与需求曲线

（一）需求函数

1. 需求函数的概念

需求函数是指某种商品的需求量与其各种影响因素之间的关系。影响需求变化的因素很多，但在某一特定时点主要是商品自身的价格，因此，一种商品的需求量主要表现为该商品价格的函数，即 $Q_d=f(P)$，$dQ_d/dP<0$（斜率为负），其中，Q_d 为需求量，P 为价格，需求量对价格的导数为负，表示需求量与价格呈反方向变动。

2. 需求线性方程

$$Q_d=a-bP\text{（}a\text{、}b\text{ 为常数，}a\text{、}b>0\text{）}$$

其中，a 为自发消费，即与 P 无关的消费；bP 为引致消费，即由 P 下降或上升而引发的消费变化，b 为需求与价格的相关系数。

（二）需求曲线

1. 需求表

需求表是表示某种商品在不同价格下的需求量的列表，价格与需求量之间的关系一般由经验数据确定。

2. 需求曲线的概念

需求曲线是指在坐标上表示价格与需求量之间关系的曲线。

3. 需求曲线的制作方法

如图 2-1 所示，画一个坐标，横轴为需求量 Q_d，纵轴为价格 P。标出价格与需求量对应的点，将各点顺序连接，即形成需求曲线。

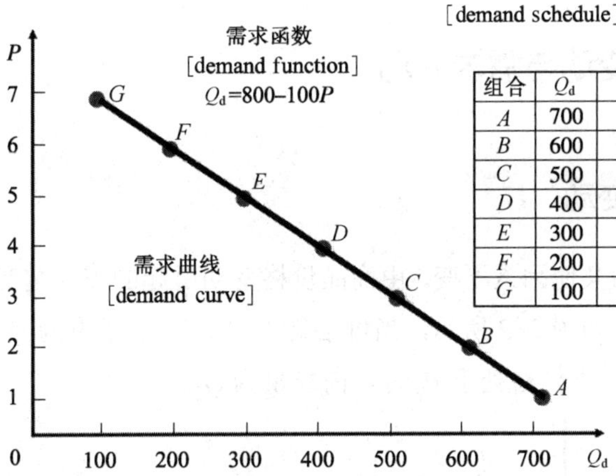

需求表
[demand schedule]

组合	Q_d	P
A	700	1
B	600	2
C	500	3
D	400	4
E	300	5
F	200	6
G	100	7

图 2-1　需求曲线

三、需求定理

（一）需求定理的变化规律

假定其他条件不变，需求量与价格呈反方向变动。

（二）需求定理例外

1. 炫耀性商品

炫耀性商品是指能够显示消费者身份和地位的商品，如对有些人而言，奢侈品象征其身份，价格贵反而买的多，价格便宜反而不屑于购买。

2. 吉芬商品

吉芬商品是以英国统计学家吉芬的名字命名的。吉芬发现，在 1845 年爱尔兰发生灾荒时，土豆价格急剧上涨，但是它的需求反而增加，原因是灾荒造成爱尔兰人实际收入下降，土豆作为一种生活必需的低档食品，实际收入下降使人们不得不增加这类商品的购买。

3. 投机性商品

投机性商品是指以短期投机获利为主要目的的商品，如股票，买涨不买跌，股票市场常见现象是股指涨的时候大量资金涌入股市。

四、需求量变动与需求变动

（一）需求量变动

需求量变动是指其他因素不变，由商品价格变动引起的需求量变动，表现为需求曲线上的点移动。如图 2-2 所示，当价格处于 P_1 时，需求量为 Q_1；当价格处于 P_2 时，需求量为 Q_2；当价格处于 P_3 时，需求量为 Q_3。

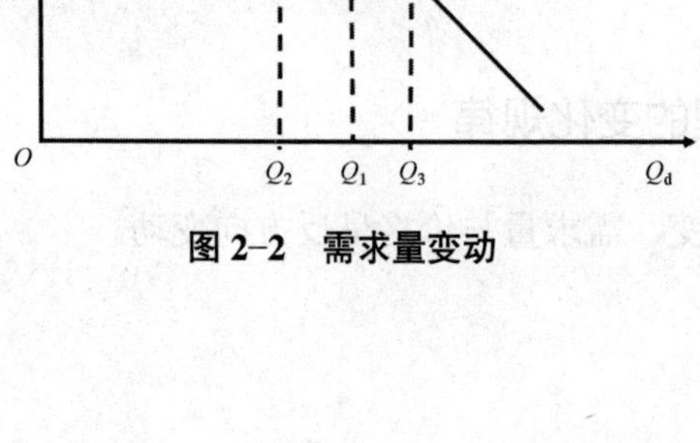

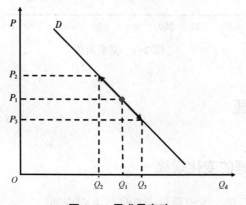

图 2-2　需求量变动

（二）需求变动

需求变动是指商品价格不变，由其他因素变动引起的需求变动，表现为需求曲线位置移动。如图 2–3 所示，假定商品价格为 P_1 保持不变，收入发生变化。初始收入下需求曲线为 D_1，对应的需求量 Q_1；如果收入增加，需求增加，需求曲线向右移至 D_2，对应的需求量为 Q_2；如果收入减少，需求减少，需求曲线向左移至 D_3，对应的需求量为 Q_3。

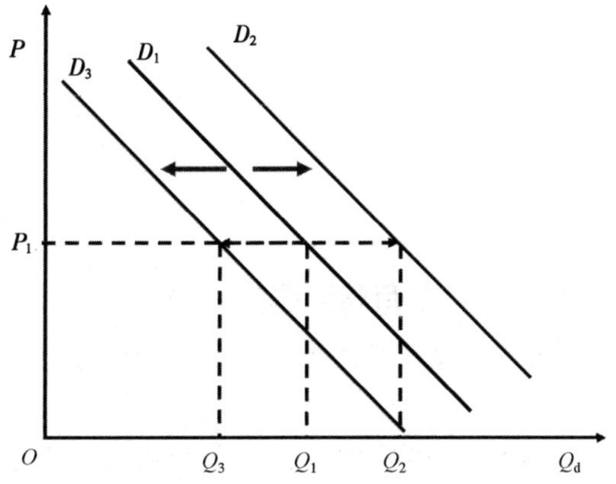

图 2–3　需求变动

经济历史

市场的产生

钱币的发明促进了商业发展，但商人们面临交易时间和地点不固定的问题，影响了交易效率。例如，农民在劳役庄园中因酒桶不足无法将所有葡萄酿成酒，只能从酒桶富余的农户那里购买。但是从哪里能够找到用于交换物品的场地呢？由于面临道路状况差、交通不便和盗贼猖獗等安全问题，农民需要一个在家门口的固定交易场所，集市便应运而生，也就是我们今天所讲的市场。公元 744 年法兰克宫相丕平三世规定每个大居民点均设立周末集市，成为人们交易和社交的中心，周末集市上商贩们通过各种方式吸引顾客，买卖双方在讨价还价中完成交易。

集市的出现反映了供求关系对价格的影响。政府对集市的干预如调整面包价格，会影响供求平衡。如果面包价格被调低，虽然普通人买得起面包，但面包供应会减少，面包商因为利润减少可能改行；如果面包价格被调高，供应量会增加，但买得起的人会减少。公元8世纪初期已经出现了远程贸易，商人将货物运往印度、阿拉伯等国家，反映了经济的全球化趋势。这些商人大多出自具有希腊罗马时期经商传统的家族。

第二节　供给原理

案例分析

先有鸡还是先有蛋

（根据梁小民《微观经济学纵横谈》的相关资料整理）

我们常会陷入一个看似无解的循环：需求和供给，哪个先出现？这与“先有鸡还是先有蛋”的谜题颇为相似。需求和供给相互影响、相互促进。在某些情况下，需求是推动供给的原动力，例如，人们对新产品的强烈需求往往促进了这些产品的诞生。而在另一些情况下，供给也能创造需求，例如，时尚界的新潮时装在设计出来之后，往往能够吸引人们的注意，进而激发他们对这些时装的购买。

在商品价格的形成过程中，需求和供给就像一把剪刀的两个刀片，它们共同作用，共同决定商品的价格。而价格又像一只无形的手，在市场经济中自发地调节需求和供给，最终达到市场均衡，实现社会资源的合理配置。

一、供给及其影响因素

（一）供给

供给是指在某一时间和价格范围内，生产者愿意并且能够提供的商品数量。供给必须同时具备两个条件：供给意愿和供给能力。

（二）供给的影响因素

1. 商品自身的价格

供给量与价格呈同方向变动。

2. 生产成本

供给与生产成本呈反方向变动。

3. 生产技术水平

技术进步会导致供给增加。

4. 生产者价格预期

预期行情看涨，短期供给减少，长期供给增加；预期行情看跌，短期供给增加，长期供给减少。

5. 政府产业政策

政府扶持和支持的产业，会导致供给增加，如农业和新兴产业。政府限制的产业，会导致供给减少，如烟酒、化妆品等。

二、供给函数与供给曲线

（一）供给函数

1. 供给函数的概念

供给函数是指商品供给量与其各种影响因素之间的关系。影响供给的因素很多，但在某一特定时点主要是商品自身的价格，因此，一种商品的供给量主要表现为该商品价格的函数，即 $Q_s=f(P)$，$dQ_s/dP>0$（斜率为正），其中，Q_s 为供给量，P 为价格，供给量对价格的导数为正，表示供给量与价格呈同方向变动。

2. 供给线性方程

$$Q_s=-c+eP\text{（}c\text{、}e\text{ 为常数，}c\text{、}e>0\text{）}$$

能使生产者提供产量（$Q_s>0$）的价格必定是 $P>\frac{c}{e}$，其中，e 表示供给与价格的相关性系数。

（二）供给曲线

1. 供给表

供给表是表示某种商品在不同价格下的供给量列表。价格与供给量之间的关系一般由经验数据确定。

2. 供给曲线

供给曲线是指在坐标上表示价格与供给量之间关系的曲线。

3. 制作方法

如图 2-4 所示，画一个坐标，横轴为供给量 Q_s，纵轴为价格 P；标出价格与供给量对应的点，将各点顺序连接，即形成供给曲线。

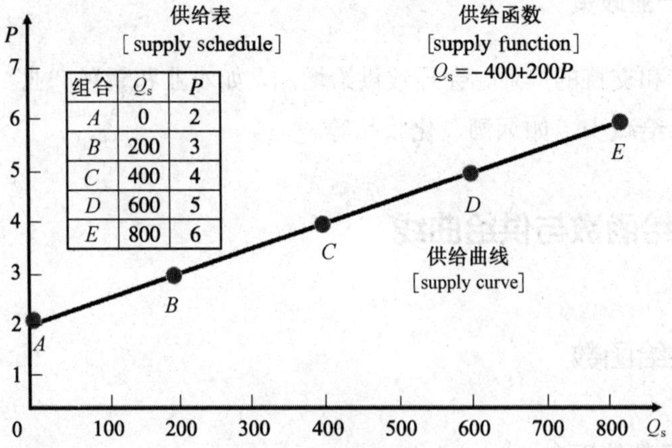

图 2-4　供给曲线

三、供给定理

（一）供给定理的变化规律

假定其他条件不变，供给量与价格呈同方向变动。

（二）供给定理例外

（1）不可复制品，如土地、文物、艺术品等，供给与价格无关。

（2）劳动力，当劳动价格（工资）足够高，休闲成为必要消费时，劳动供给减少。

四、供给量变动与供给变动

（一）供给量变动

供给量是变动是指其他因素不变，由商品价格变动引起的供给量变动，表现为供给曲线上的点移动。如图 2–5 所示，当价格处于 P_1 时，供给量为 Q_1；当价格处于 P_2 时，供给量为 Q_2；当价格处于 P_3 时，供给量为 Q_3。

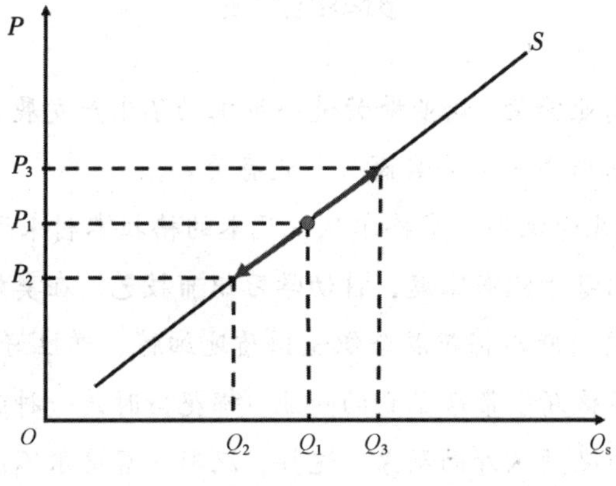

图 2–5　供给量变动

（二）供给变动

供给变动是指商品价格不变，由其他因素变动引起的供给变动，表现为供给曲线位置移动。如图 2–6 所示，假定商品价格为 P_1 保持不变，生产成本发生变化。初始生产成本下供给曲线为 S_1，对应的供给量为 Q_1；如果生产成本减少，供给增加，供给曲线向右移至 S_2，对应的供给量为 Q_2；如果生产成本增加，供给减少，供给曲线向左移至 S_3，对应的供给量为 Q_3。

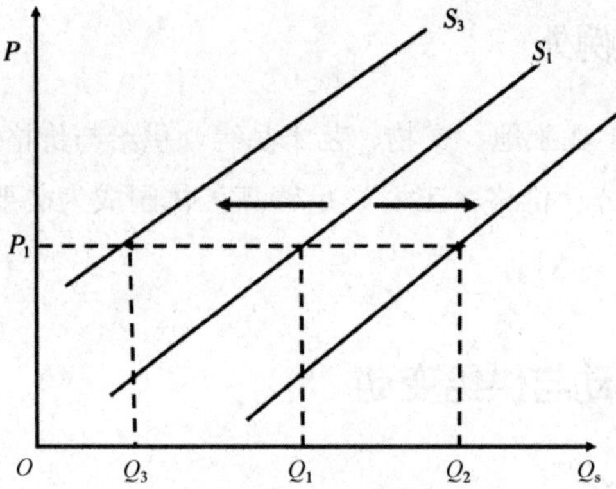

图 2-6　供给变动

经济历史

资本的产生

生产发展带来商业繁荣，商业繁荣进一步推动了生产发展。生产发展依赖于资本，资本产生与奥格斯堡一个著名商人家族有关。

1367 年农民的儿子汉斯·富格尔从施瓦本的格拉本村来到奥格斯堡，开始了他的商业传奇。他出身于织布家庭，自幼学习织布技艺。在奥格斯堡，汉斯·富格尔通过技术创新，将亚麻与棉花混合织造出质地细腻、弹性好的“绒布”，打破了意大利的垄断，为奥格斯堡带来了新的产业。棉花当时是一种新的纤维材料，它只生长在温暖的地区，必须从外面买来。这样，汉斯·富格尔不仅涉足本地贸易，还涉足长途贸易，成为当地非常精明的商人。同时，奥格斯堡的地理位置优越，位于两条古商路交汇点，这为汉斯·富格尔成长为大商人提供了很好的条件。他的儿子把商务和金融结合在一起，把公司变成商行，从俄罗斯到西班牙，从伦敦到那不勒斯，都设立了分行。

第三节　均衡价格理论

案例分析

谷贱伤农

（根据吕昭江《西方经济学基础》的相关资料整理）

农业科学家培育出能比现在更高产的小麦新品种，该事件对小麦价格有何影响？对农民总收益有何影响？

（1）如图 2–7 所示，小麦供给增加，供给曲线向右移，小麦均衡价格下降，均衡数量增加。

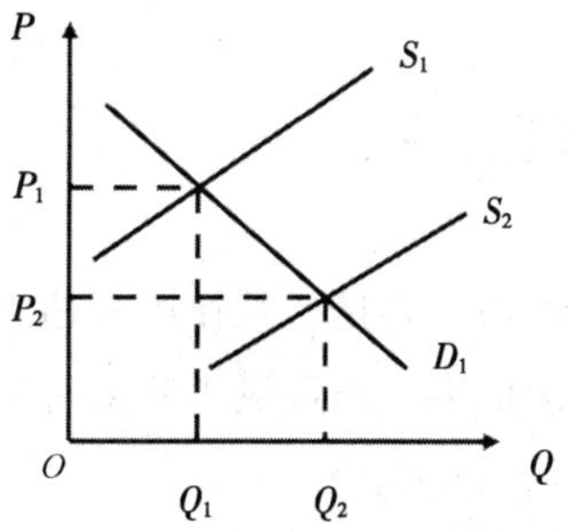

图 2–7　小麦供给增加对小麦均衡价格的影响

（2）小麦是生活必需品，需求价格弹性小于 1，价格下降，需求量基本不变，所以农民收益下降。

一、均衡价格与均衡数量

（一）市场均衡

市场均衡是指市场供给与市场需求相等时的状态，可分为局部均衡和一般均衡。局部均衡指单个市场或部分市场供求均衡，一般均衡指一个经济社会中所有市场供求均衡。

（二）均衡价格与均衡数量的关系

均衡价格是指需求量和供给量相等时的价格，均衡数量是指在均衡价格水平下的供求数量。例如，$Q_d=800-100P$，$Q_s=-400+200P$，则均衡价格为 4，均衡数量为 400，如图 2–8。

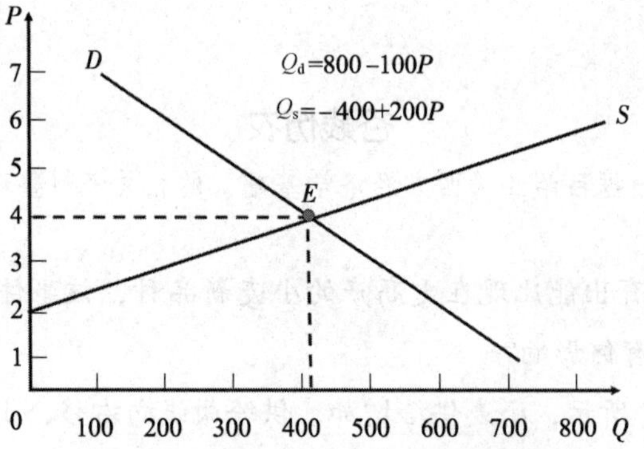

图 2–8　均衡价格与均衡数量的关系

二、均衡价格的形成

均衡价格是市场供求两种相反力量相互作用并通过市场自发调节形成的。

（1）当市场价格低于均衡价格，出现供不应求时，市场需求会拉动价格上升，导致生产资源流入，从而增加产品供给。

（2）当市场价格高于均衡价格，出现产品剩余时，厂商竞争会拉动价格下跌，导致生产资源流出，从而减少产品供给。

三、均衡价格的变动

（一）需求变动对均衡价格的影响

需求变动即需求曲线移动，如图 2–9 所示，供给曲线保持不变，初始需求曲线 D_1 与供给曲线相交决定初始均衡价格为 P_1，均衡数量为 Q_1；当需求增加时，需求曲线向右移至 D_2，与供给曲线相交决定新的均衡价格为 P_2，均衡数量为 Q_2；当需求减少时，需求曲线向左移至 D_3，与供给曲线相交决定新的均衡价格为 P_3，均衡

数量为 Q_3。

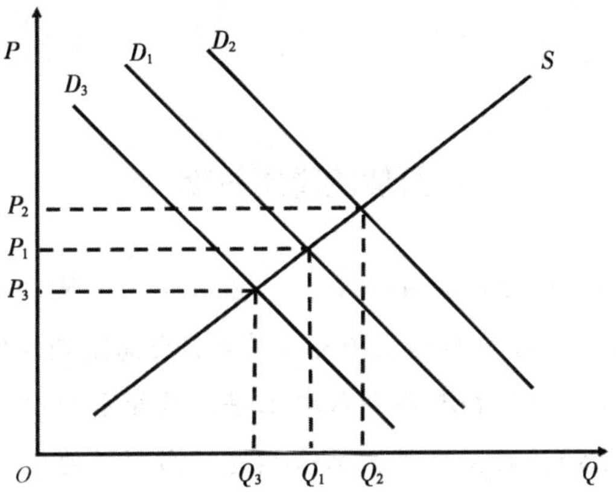

图 2-9　需求变动对均衡价格的影响

（二）供给变动对均衡价格的影响

供给变动即供给曲线移动，如图 2-10 所示，需求曲线保持不变，初始供给曲线 S_1 与需求曲线相交决定初始均衡价格为 P_1，均衡数量为 Q_1；当供给增加时，供给曲线向右移至 S_2，与需求曲线相交决定新的均衡价格为 P_2，均衡数量为 Q_2；当供给减少时，供给曲线向左移至 S_3，与需求曲线相交决定新的均衡价格为 P_3，均衡数量为 Q_3。

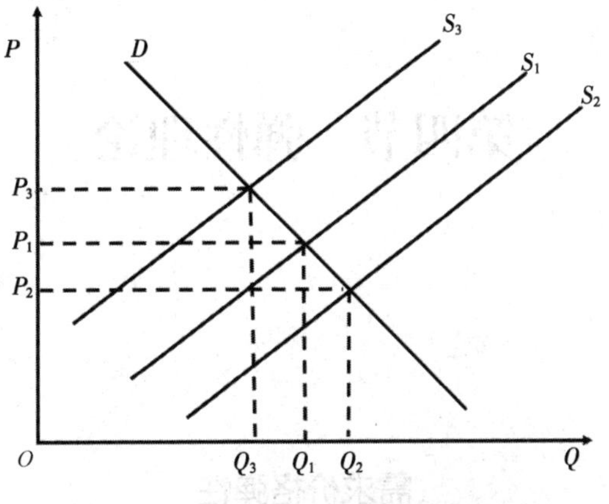

图 2-10　供给变动对均衡价格的影响

（三）需求和供给同时变动对均衡价格的影响

需求和供给同时变动，对均衡价格和均衡数量的影响不确定，需要根据具体情况进行分析。

经济历史

开放的隋唐时期

隋唐时期中国已成为世界贸易中心之一，公元609年隋朝政府在张掖举办了中国最早的国际交易会。为了办好这次国际交易会，提高隋朝政府在少数民族和国际上的信誉，隋炀帝派裴矩于605年到张掖上任。裴矩全身心投入对外开放事业，与国外商人、使节主动接触，平等、真诚相处，赢得了他们的信任。他了解各国自然地理、风土人情、物产特色、服饰礼仪等，阅读大量外国图书典籍，积累了丰富的一手材料。他撰写了《西域图记》，全面记载丝绸之路通过敦煌后3条道路的走向，详细介绍西域等44国的政治、经济、文化、民族以及历史上与中国的关系等具体情况，对各国的服饰形状、国王、百姓等的介绍还附有图形。此外，裴矩还不断派隋朝使者前往高昌、伊吾等地，盛情邀请各国国王、使者和商人来隋朝参观访问。

经过裴矩4年的精心准备，隋炀帝于公元609年到达张掖，主持了国际交易会。这次国际交易会规模之大堪称史无前例，在当时产生非常深远的社会影响，提高了隋朝的国际地位，标志着丝绸之路黄金时代的到来。

第四节　弹性理论

案例分析

需求价格弹性

（根据北京晨报网的相关资料整理）

想象一下，你带着一份精心准备的购物清单走进了超市，清单上列着大米、盐、牛肉和沙拉酱。在粮油区，你发现大米价格从每斤2元上涨到2.5元。虽然价格上涨让你有些不舍，但考虑到大米是你日常饮食中不可或缺的主食，而且你对面食不感兴趣，所以你按照原计划购买了10斤大米。

在调料区，你发现盐的价格也有所上涨，从每袋1.5元变成1.75元。然而，由于一袋盐可以使用长达三个月，这次微小的价格变动对你来说几乎可以忽略不计，于是你毫不犹豫地购买了一袋盐。

在肉类区，你发现牛肉价格从每斤15元上涨到28元。你原本计划购买2斤牛肉，面对价格上涨，决定只购买1斤。虽然你非常喜爱牛肉，但面对价格上涨，你选择适量减少购买。

在酱料区，你发现沙拉酱价格从12元上涨到15元。沙拉酱对你来说不是必需品，只是一种偶尔尝试的新鲜口味，在价格上涨的情况下，你决定放弃购买，寻找其他替代品或等待价格回落。

米、盐是生活必需品，需求价格弹性小，涨价后人们的需求量基本不变；牛肉、沙拉酱不是生活必需品，需求价格弹性大，涨价后人们的需求量大幅减少。

一、需求价格弹性

（一）弹性的概念

弹性表示函数关系中因变量对自变量的反应敏感程度，即当一个经济变量发生1%变动时，由它引起的另一个经济变量变动的百分比。

（二）需求价格弹性的概念

需求价格弹性是指商品需求量变化率与商品价格变化率之比，用以衡量商品的需求量对其价格变动反应的敏感程度，公式表示为：

$$|E_d|=\left|\frac{\Delta Q/Q}{\Delta P/P}\right|=\left|\frac{(Q_2-Q_1)/Q_1}{(P_2-P_1)/P_1}\right|$$

其中，Q 为需求量，Q_1 为初始需求量，Q_2 为变化后的需求量，P 为价格，P_1 为初始价格，P_2 为变化后的价格。由于价格与需求量呈反方向变动，结果为负值，习惯上需求价格弹性取绝对值。

（三）需求价格弹性的计算

例如，某杂志价格为2元时销售量为5万册，价格为3元时销售量为3万册，则需求价格弹性为多少？

$$|E_d| = \left|\frac{\Delta Q / Q}{\Delta P / P}\right| = \left|\frac{(Q_2 - Q_1) / Q_1}{(P_2 - P_1) / P_1}\right| = \left|\frac{(3-5)/5}{(3-2)/2}\right| = 0.8$$

（四）需求价格弹性的类型

需求完全无弹性（E_d=0），价格变动不影响需求。

需求完全弹性（$E_d \to \infty$），既定价格下需求量无限。

单位需求价格弹性（E_d=1），需求量变动率与价格变动率相等。

需求富有弹性（$E_d>1$），需求量变动率大于价格变动率，如享受类商品。

需求缺乏弹性（$E_d<1$），需求量变动率小于价格变动率，如生活必需品。

二、需求交叉弹性

（一）需求交叉弹性的概念

需求交叉弹性是指某一商品的需求量变动率与其相关商品价格变动率的比值，公式表示为：

$$E_{xy} = \frac{\Delta Q_x / Q_x}{\Delta P_y / P_y}$$

（二）需求交叉弹性的计算

x 商品价格不变，需求量为 50；由于 y 商品价格由原来的 5 元上升到现在的 6 元，导致 x 商品需求量增加为 55，则：

$$E_{xy} = \frac{\Delta Q_x / Q_x}{\Delta P_y / P_y} = \frac{(Q_2 - Q_1) / Q_1}{(P_2 - P_1) / P_1} = \frac{(55-50)/50}{(6-5)/5} = 0.5$$

（三）相关商品的种类

1. 替代品

若两种商品存在替代关系，则一种商品的价格与其替代品的需求量呈同方向变动，需求交叉弹性为正值。

2. 互补品

若两种商品存在互补关系，则一种商品的价格与其互补品的需求量呈反方向变动，需求交叉弹性为负值。

三、需求收入弹性

（一）需求收入弹性的概念

需求收入弹性，是指一定时期内消费者商品需求量变动率与收入变动率的比率，公式表示为：

$$E_m = \frac{\Delta Q / Q}{\Delta I / I}$$

其中，Q 为需求量，I 为收入。

（二）需求收入弹性的计算

某人 2004 年家庭收入 25 000 元，当年消费肉蛋奶支出 1 000 元；2005 年家庭收入 30 000 元，当年消费肉蛋奶支出 1 300 元，则：

$$E_m = \frac{\Delta Q / Q}{\Delta I / I} = \frac{(Q_2 - Q_1)/Q_1}{(I_2 - I_1)/I_1} = \frac{(1\,300 - 1\,000)/1\,000}{(30\,000 - 25\,000)/25\,000} = 1.5$$

（三）相关商品的种类

1. 正常物品

正常物品的需求量随收入水平的增加而增加，需求收入弹性为正值。

2. 低档物品

低档物品的需求量随收入水平的增加而减少，需求收入弹性为负值。

四、供给价格弹性

（一）供给价格弹性的概念

供给价格弹性是指一定时期内商品供给量变动率与价格变动率之比，公式表示为：

$$E_s = \frac{\Delta Q / Q}{\Delta P / P}$$

由于价格与供给量呈同方向变动，所以供给价格弹性为正值。

（二）供给价格弹性的计算

2002 年我国粮食加权平均价为 1 元/kg，粮食产量为 4 600 亿 kg；由于 2003 年粮食价格上升到 1.4 元/kg，2004 年粮食产量增加到 4 900 亿 kg，则：

$$E_s = \frac{\Delta Q / Q}{\Delta P / P} = \frac{(Q_2 - Q_1) / Q_1}{(P_2 - P_1) / P_1} = \frac{(4\,900 - 4\,600) / 4\,600}{(1.4 - 1) / 1} = 0.16$$

（三）供给价格弹性的类型

供给完全无弹性（$E_s=0$），供给量与价格无关。

供给缺乏弹性（$0<E_s<1$），供给量对价格不敏感。

供给单位弹性（$E_s=1$），供给量与价格等比例变动。

供给富有弹性（$E_s>1$），供给量对价格非常敏感。

供给无限弹性（$E_s \to \infty$），既定价格下无限供给。

五、弹性理论在厂商价格决策方面的运用

厂商总收益表示一定时期内所出售商品的全部收入，表现为出售商品数量与平均价格的乘积。商品销售量表现为商品需求量，总收益对价格求导能判断价格变化对总收益的影响。

$$R=P\times Q，Q=f(P)$$

$$\begin{aligned}
\frac{\mathrm{d}R}{\mathrm{d}P} &= \frac{\mathrm{d}P}{\mathrm{d}P}\times Q + \frac{\mathrm{d}Q}{\mathrm{d}P}\times P \\
&= Q + \frac{\mathrm{d}Q}{\mathrm{d}P}\times P \\
&= Q\left(1+\frac{\mathrm{d}Q}{\mathrm{d}P}\times\frac{P}{Q}\right) \\
&= Q\left(1+\frac{\mathrm{d}Q/Q}{\mathrm{d}P/P}\right) \\
&= Q(1+E_d) \\
&= Q(1-|E_d|)
\end{aligned}$$

其中，R 为总收益，Q 为需求量，P 为价格，E_d 为需求价格弹性。

对于需求价格弹性小于 1 的商品，总收益对价格的导数大于 0，总收益与价格

呈同方向变动，提高价格会增加厂商收益，降低价格会减少厂商收益。

对于需求价格弹性大于 1 的商品，总收益对价格的导数小于 0，总收益与价格呈反方向变动，提高价格会减少厂商收益，降低价格会增加厂商收益。

经济历史

世贸的普及

威尼斯商人马可·波罗（1254—1324）于 1271 年进行了传奇式旅行。他穿越巴格达和波斯最终到达北京。他的《马可·波罗游记》详细介绍了中国广袤的土地、丰富的物产、繁荣的经济和发达的贸易，改变了欧洲人对世界的看法，也使他的家乡威尼斯一跃成为地中海地区最强大和最富有的城市。

威尼斯人组织强大的商船队，把威尼斯货物运抵君士坦丁堡和埃及的亚历山大，然后再从那里把印度、波斯和中国出产的宝石、布匹、丝绸、香草、胡椒、肉豆蔻和丁香等运回威尼斯。香料和肉豆蔻在中世纪是珍稀和昂贵的物品，因为那时人们没有咖啡、茶叶、可可，水果也无法在很短时间运去，人们很少吃蔬菜和沙拉，只是吃米粥、面包和肉类。为了便于保存，肉类都是用盐腌制的，而要把腌肉做得好吃一点，需要放些香料，这些香料都生长在“香料岛”上，即今天印度和印度洋的岛屿上，因此威尼斯的贸易获得了巨大成功。

第三章　消费者行为理论

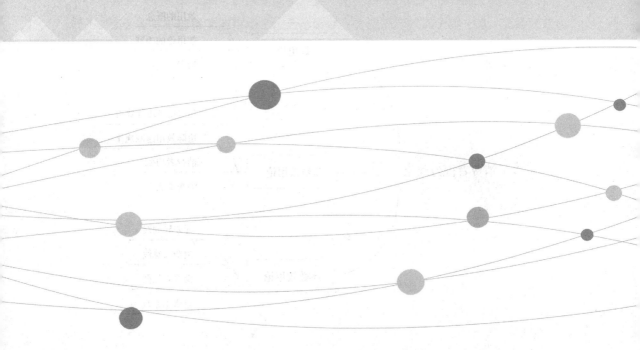

学习目标

知识目标：

1. 理解边际效用递减规律。
2. 理解无差异曲线、消费预算线。
3. 了解消费者均衡的条件。

能力目标：

能运用消费者行为理论来解释消费者的购买行为。

思维导图

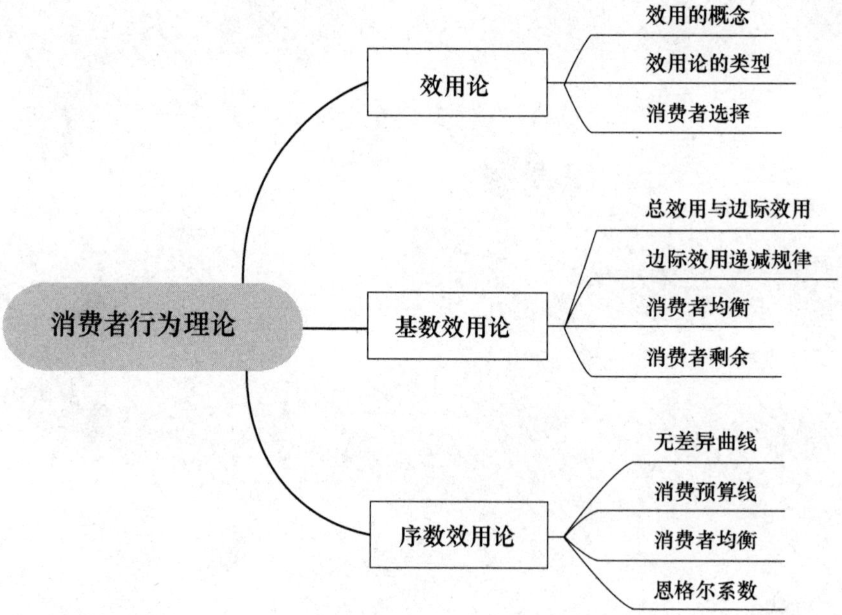

第一节　效　用　论

案例分析

黑玫瑰的命运

（根据中华心理教育网的相关资料整理）

张涛在家乡经营一个颇具规模的玫瑰园，他按照科学方法定时浇水施肥，玫瑰长势很好。玫瑰花姹紫嫣红，品种繁多，价格比市场便宜，深受人们喜爱，当地人都喜欢购买张涛种植的玫瑰花。

不知什么时候，张涛的玫瑰园出现一些黑玫瑰，它们如此显眼，张涛不知所措。他担心黑玫瑰卖不出去，但又不舍得拔掉，觉得与众不同的黑玫瑰也很吸引人。

有一位植物学家听说张涛种出黑玫瑰，非常兴奋地表示想要买下来，开出的价格是普通玫瑰价格的好多倍，因为黑玫瑰对植物学家来说具有很高的研究价值。张涛听到这个消息很激动，黑玫瑰竟给他带来意想不到的财富。后来随着人们对黑玫瑰的认可，张涛扩大了黑玫瑰的种植规模。

商品需求受消费者的偏好影响，企业可以根据消费者的需求设计生产商品，获得收益。

一、效用的概念

效用（utility）是消费者从消费某种物品或劳务中所得到的满足程度，它是一种心理感受，同一商品的效用因人、因时、因地而不同。

二、效用论的类型

效用论分为基数效用论和序数效用论。

（一）基数效用论的概念

基数效用论根据消费者每一单位产品消费的实际效果确定效用大小，这种理论用具体数字来研究消费者效用最大化问题。

（二）序数效用论的概念

序数效用论根据消费者个人喜好程度排列产品效用大小的先后顺序，这种理论用无差异曲线来研究消费者效用最大化问题。

（三）基数效用论和序数效用论的区别

基数效用论采用了效用可用具体数值计量的假定，序数效用论采用了效用只能分高低、排序的假定。

三、消费者选择

（一）消费者选择的决定因素

（1）消费者的偏好。

（2）消费者的收入水平。

（3）所购买商品或劳务的价格水平。

（二）消费者选择的原则

消费者选择的原则是效用最大化（utility maximization）。

经济历史

重商主义

重商主义是在西欧封建社会瓦解和资本原始积累时期产生的保护贸易思想，代表人物有约翰·海尔斯、让-巴普蒂斯特·柯尔贝尔、托马斯·孟。重商主义的产生一方面是与文艺复兴息息相关，当时整个社会都在追求商品生产更快发展，追求工商业资本迅速增加；另一方面是因为西欧经济形式和社会阶级关系变化，以往贵族阶级转变为商人。

重商主义认为金银是财富的唯一形态，流通是财富的真正源泉，政府要干预经济活动，保持对外贸易顺差，使金银尽可能多地流入国内。早期重商主义的核心是“货币差额论”，强调通过行政手段禁止货币输出，只允许货币输入，鼓励金银积累。晚期重商主义的核心是“贸易差额论”，强调通过对外贸易顺差增加货币输入。

第二节　基数效用论

案例分析

受欢迎的自助餐

（根据高鸿业《西方经济学》的相关资料整理）

自助餐是广受消费者喜欢的一种就餐方式，它以其丰富性和灵活性更有利于消费者实现最优商品组合，获得更大效用。自助餐的消费不限量，老板会亏损吗？

当然不会。一方面自助餐食材批量采购，烹制过程和服务程序相对简单，这些都能降低成本；另一方面，自助餐馆老板充分利用边际效用递减规律获得盈利，尽管自助餐消费不限量，但消费者受生理限制和心理限制，食物增加给其带来的边际效用递减，其消费量是有限的。自助餐馆老板总能设定一个适当的价格，既吸引消费者，又使自己获得尽可能大的利润。

一、总效用与边际效用

总效用（TU）是指消费者消费一定量的某种物品所获得的全部效用。

边际效用（MU）是指消费者每增加一单位某种物品消费所增加的总效用。总效用与边际效用是原函数与导数的关系，即 $MU=\mathrm{d}\,TU(Q)/\mathrm{d}Q$。

二、边际效用递减规律

边际效用递减规律是指增加每一单位同种商品消费所带来的效用是递减的，即消费者对同一种商品消费的数量越多，他对该商品的消费欲望越低。

比较直观的是食品消费，也可以推论到所有商品，只要原有的用途不变，任何商品都存在边际效用递减规律。

三、消费者均衡

（一）消费者均衡的概念

消费者均衡是指在消费者收入和商品价格既定的前提下，消费者所购买的商品组合能获得最大效用的状态。

（二）消费者效用最大化的均衡条件

如果消费者货币收入不变，而且各种商品的价格是一定的，那么消费者用于购买每一种商品的最后一元钱所得到的边际效用相等时，所获得的总效用最大。

（三）消费者均衡论证

下面以消费者购买两种商品为例，具体说明消费者效用最大化的均衡条件。在购买两种商品情况下的消费者效用最大化的均衡条件为：

$$P_1X_1+P_2X_2=I$$

$$\frac{\mathrm{MU}_1}{P_1}=\frac{\mathrm{MU}_2}{P_2}=\lambda$$

当$\frac{\mathrm{MU}_1}{P_1}<\frac{\mathrm{MU}_2}{P_2}$时，消费者就会减少对商品 1 的购买量，增加对商品 2 的购买量。

当$\frac{\mathrm{MU}_1}{P_1}>\frac{\mathrm{MU}_2}{P_2}$时，消费者就会减少对商品 2 的购买量，增加对商品 1 的购买量。

当$\frac{\mathrm{MU}_1}{P_1}=\frac{\mathrm{MU}_2}{P_2}$时，消费者购买两种商品的效用相等，此时消费者获得的总效用最大。

四、消费者剩余

消费者剩余是指消费者购买商品愿意支付的价格与实际支付价格的差额。消费者愿意支付的价格是一种主观心理感受，由于这个余额给消费者带来了额外的心理满足，因此消费者剩余代表了消费者福利。如图 3-1 所示，均衡时市场消费者剩余为市场价格曲线以上、需求曲线以下的面积，即图中阴影部分的面积。

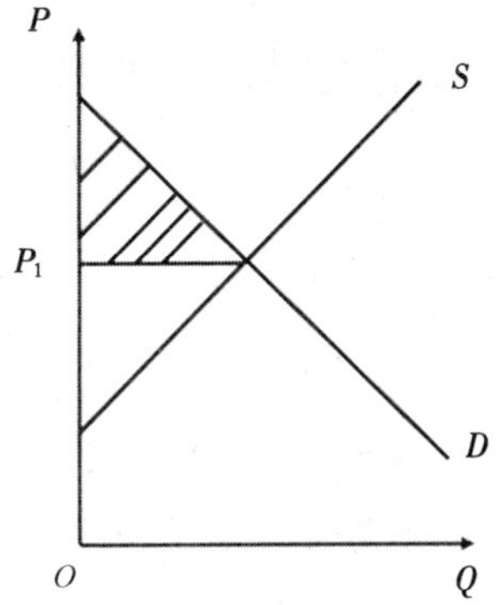

图 3-1　消费者剩余

经济历史

约翰·海尔斯

约翰·海尔斯出生于英国，是早期重商主义的代表，其作品《论英国本土的公共福利》被认为是早期重商主义最重要的代表作之一。

约翰·海尔斯在书中提到经济思想是道德哲学的一个分支，确认了经济学在社会科学中的地位，强调发展经济、发展出口贸易的重要性，反对贸易逆差，表现了重商主义的思想倾向。他还论述了如何防止足值铸币外流，分析和描述了物价高涨的原因及其对各阶层人民的影响。该书采用对话方式，不同的社会群体代表坐在一起讨论经济学关于国家财富管理的知识及其在学科体系中的地位，表达了政治家、统治者应当担负的社会责任。

第三节　序数效用论

案例分析

消费者效用最大化

（根据唐树伶《经济学基础》的相关资料整理）

李大妈是个勤俭之人，买东西总是精打细算。她共有 48 元，先买白菜、黄瓜、西红柿花费 30 元，又买豆腐和粉条花费 10 元，只剩 8 元不够买鱼，怎么办？因为家人喜欢吃鱼，没有鱼大家会有意见，李大妈决定还得满足家人需求。于是李大妈找到卖给她蔬菜的摊主，说了很多好话，退了一些菜，退回 8 元钱。李大妈花 16 元买了一条鱼，购买物品达到自己的要求，高兴而归。

李大妈的钱是有限的，她买蔬菜花费 30 元，随着购买量增加，蔬菜的边际效用减少。她想买鱼而钱不够，鱼的边际效用增加。由于每元钱用于买菜和鱼的边际效用不相等，所以她退掉一些菜，将退回的钱用于买鱼，这样每元钱用于买菜和鱼的边际效用相等，就实现消费者均衡，即效用最大化。

一、无差异曲线

（一）消费者偏好

消费者偏好是消费者对某种商品喜爱或不喜爱的程度，其与商品价格及消费者收入无关。

序数效用论者认为，消费者对于各种不同商品组合的偏好程度是有差别的，这种差别决定了不同商品组合效用的大小顺序。

（二）无差异曲线及其特点

无差异曲线表示两种商品的不同数量组合对消费者效用完全相同的曲线，如图 3–2 所示。

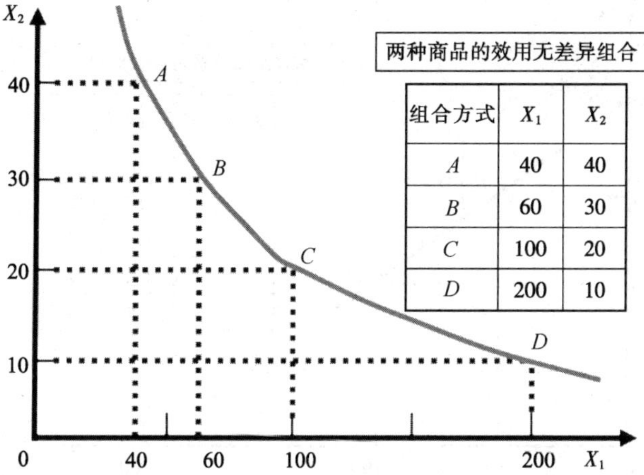

两种商品的效用无差异组合

组合方式	X_1	X_2
A	40	40
B	60	30
C	100	20
D	200	10

图 3–2　无差异曲线

无差异曲线具有以下特征：

（1）同一坐标平面上可以有无数条无差异曲线，离原点越远的无差异曲线代表的效用水平越高。

（2）同一坐标平面上任意两条无差异曲线不可能相交。

（3）无差异曲线凸向原点。

二、消费预算线

假定只有两种商品，消费预算线是指在收入和商品价格既定的前提下，消费者所能购买到的两种商品数量的最大组合方式的曲线。

以 I 表示消费者的既定收入，以 P_1 和 P_2 分别表示商品 1 和商品 2 的价格，以 X_1 和 X_2 分别表示商品 1 和商品 2 的数量，则预算线方程为：

$$I=P_1X_1+P_2X_2$$

可改写为：

$$X_2=-\frac{P_1}{P_2}X_1+\frac{I}{P_2}$$

在已知 I 和 P_1、P_2 的情况下，就可以计算出 X_1 和 X_2 的组合比例。

假设 I=400，P_1=2，P_2=10，则预算线的方程为 X_2=40−0.2X_1，预算线如图 3–3 所示。

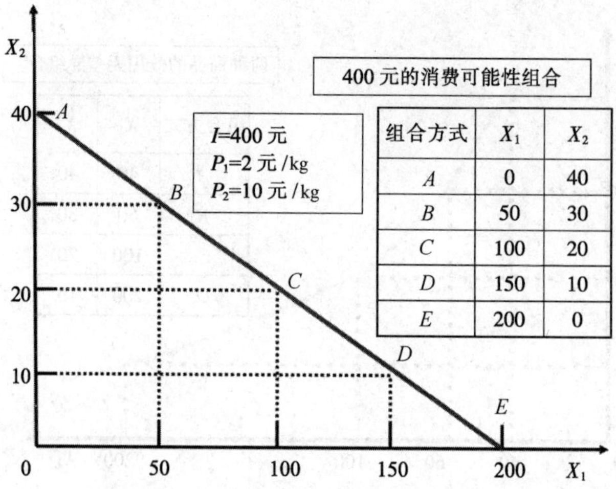

400 元的消费可能性组合

组合方式	X_1	X_2
A	0	40
B	50	30
C	100	20
D	150	10
E	200	0

图 3-3　预算线

三、消费者均衡

消费者均衡点位于无差异曲线与预算线的切点。在这一点上，消费者在收入和价格既定的前提下将获得最大的效用。

如图 3-4 所示，在预算线既定下，消费者能达到的最大效用为与之相切的无差异曲线，在切点 E，X_1 和 X_2 的消费数量组合为（100，20），此时消费者能达到最大效用 U_1；U_2 代表更高效用水平，但目前预算线无法达到该效用水平；预算线可以达到 U_3 效用水平，但不是最大效用。

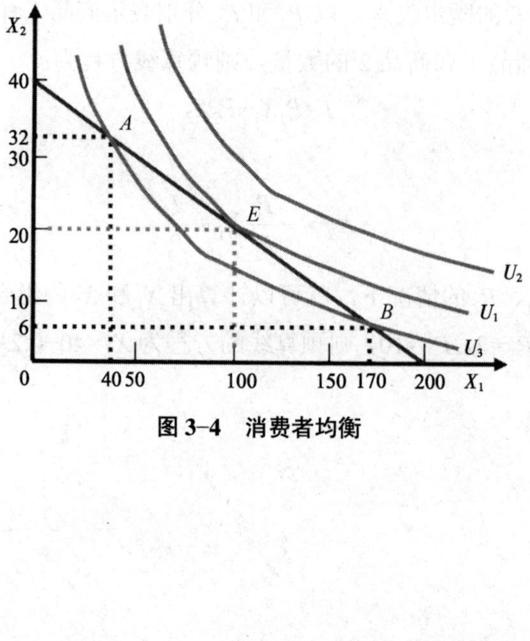

图 3-4　消费者均衡

四、恩格尔系数

恩格尔系数是指食物支出占总消费支出的比例。在一个家庭或一个国家中，食物支出占总消费支出的比例随着收入的增加而减少。收入少的家庭，用于食物支出比例大于其他消费支出比例，恩格尔系数大；收入多的家庭，用于食物支出比例小于其他消费支出比例，恩格尔系数小。

恩格尔系数是衡量一个国家生活水平的重要指标。联合国按照恩格尔系数大小，对世界各国生活水平的分类是：恩格尔系数大于60%为穷国，50%～60%为温饱，40%～50%为小康，30%～40%为相对富裕，20%～30%为富裕，20%以下为极富裕。

经济历史

柯尔贝尔

柯尔贝尔（1619—1683）出生于法国，是法国著名的财政大臣。在路易十四时期，政府财政出现危机，柯尔贝尔挺身而出重新让政府财政收支平衡，甚至出现收入大于支出的局面。

柯尔贝尔是重商主义的杰出代表，他支持政府干预经济发展，后来重商主义也被称为“柯尔贝尔主义”。他在担任财政大臣期间重新整顿了财政机构，支持本国工商业的发展，同时通过提高关税保护本国工商业。他利用政府建立了多家贸易特许公司，成功让法国的工业和贸易能力大幅提升。后来柯尔贝尔又担任海军国务大臣，并且制定了海军法典和殖民地法典，建立新法兰西殖民地，创办法国铭文和文艺学院，协助兴建了巴黎天文台，并且在1671年协助兴建了王家建筑学院等，他为法国的发展做出了卓越贡献。

第四章　生产理论

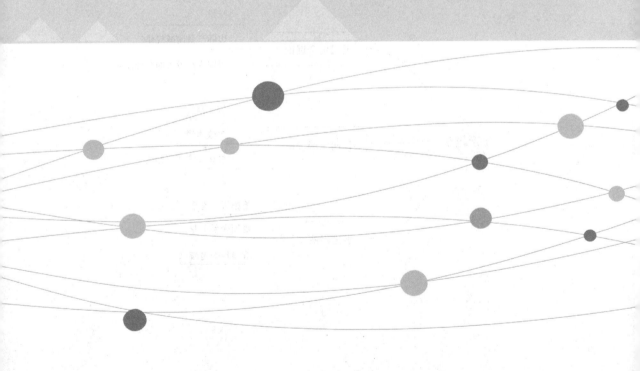

学习目标

知识目标：

1. 理解短期生产和长期生产的区别。
2. 理解边际产量递减规律。
3. 理解等产量线、等成本线及生产要素最优组合。

能力目标：

能运用边际产量递减规律、规模经济分析实际经济问题。

思维导图

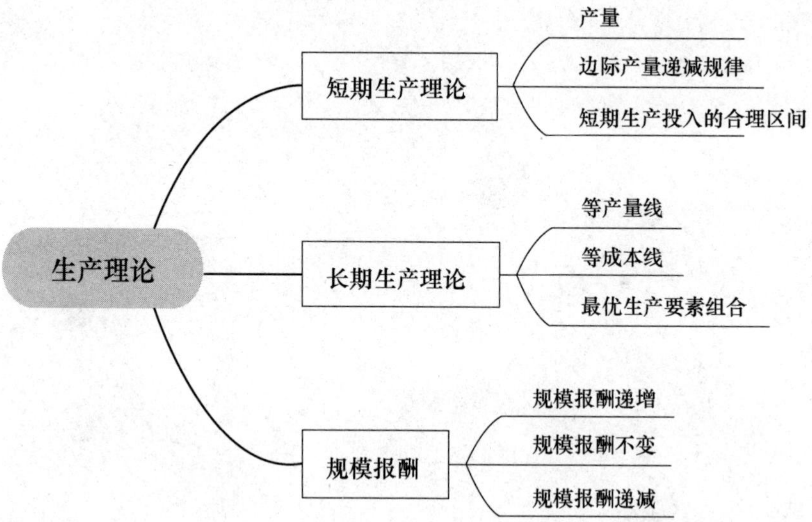

第一节 厂商和生产函数

案例分析

劳动生产率和生活水平

（根据赵文锴《每天学点经济学》的相关资料整理）

现实中我们不难发现，有的国家居民生活幸福安康，有的国家居民生活艰辛贫穷。尽管各国都有富人和穷人，但整体比较能够看出各国居民生活水平的差异。归根结底，一国居民的生活水平由生产率决定，生产率越高，居民生活水平越高。

著名经济学家曼昆用《鲁滨逊漂流记》的故事很好地解释了生产率。鲁滨逊在岛上生活，他若能在固定时间里捕到更多鱼，其生活水平就会提高。对劳动者而言，劳动生产率可以用单位时间内生产的产品数量来表示，也可以用生产单位产品耗费的劳动时间来表示。劳动者在单位时间内生产的产品数量越多，劳动生产率越高；生产单位产品耗费的劳动时间越少，劳动生产率越高，反之亦然。

生产率由生产力发展水平决定。一国生产率越高，即在单位时间内能生产出更多的物品与劳务，本国居民的生活水平就越高。

一、厂商

（一）厂商及其组织形式

1. 厂商的概念

厂商是组织生产要素进行生产并销售产品和劳务以取得利润的机构。

2. 厂商的组织形式

（1）个人企业是只有一个所有者的企业。

（2）合伙制企业是两个或两个以上承担无限责任的所有者组建的企业。无限责任是指对企业债务负有无限清偿的责任。

（3）公司制企业是一个或多个承担有限责任的股东组建的企业。有限责任是以企业的资产为限清偿企业债务。

三种企业组织形式比较见表 4–1。

表 4–1　三种企业组织形式比较

企业类型	优点	缺点
个人企业	容易建立 决策过程简单 只交个人所得税	决策不受约束 所有者承担无限责任 企业传承困难
合伙制企业	决策多样化 合伙人容易退出 只交个人所得税	形成统一意见困难 所有者承担无限责任 合伙人退出引起资本短缺
公司制企业	所有者承担有限责任 筹资容易	管理体系复杂、成本高 决策程序复杂、决策慢 交个人所得税和企业所得税

（二）厂商存在的原因

1. 两种经济活动的协调方式

厂商协调是厂商作为一个统一单位组织协调生产活动，然后与其他市场主体在市场上进行交易。

市场协调是个人直接通过市场来调节生产经营活动。

2. 交易成本

交易成本是一项交易所花费的时间和精力。科斯认为测定每个工人的贡献和议定每个产品部件的价格使交易成本很大时，工人就会选择在一个工厂里工作。厂商作为一种组织形式，在一定程度上是对市场的替代。

（三）厂商的目标

厂商的目标是运用有限资本，通过生产经营活动实现利润最大化。

二、生产函数

生产任何产品，生产要素主要归纳为劳动（L）和资本（K）。劳动指劳动力，资本指厂房、机器设备等，因此生产函数一般可表示为：

$$Q=f(L,K)$$

三、短期生产和长期生产

生产分为短期生产和长期生产，二者划分的标准是资本投入量是否变化，即生产规模是否变化。

短期生产指资本投入量不变（厂房、机器设备不变），劳动投入量随产量变动而变动。资本称为不变投入，劳动称为可变投入。

长期生产指资本和劳动投入量都变动（如扩建厂房、增加购买机器设备等），资本和劳动都是可变投入。

经济历史

重农学派

古典经济学发展的开端是重农学派，重农学派也称为法国的古典经济学派，产生于法国 17 世纪末至 18 世纪中叶，代表人物有魁奈、杜尔哥等。当时法国处于封建主义到资本主义过渡阶段，农业仍在经济上占有很大优势，但法国国王路易十四和路易十五均实行牺牲农业发展工商业的重商主义政策，使农业遭到破坏而陷入困境，于是出现了反对重商主义，主张重视农业的重农主义经济学说。

重农主义以自然秩序为最高信条，视农业为财富的唯一来源，主张经济自由。重农主义的理论基础是自然秩序论，认为自然界和人类社会存在的客观规律是自然秩序，而政策、法令等是人为秩序，只有适应自然秩序，社会才能健康发展。重农主义的核心观点是将土地生产物视为各国收入和财富的唯一来源，认为只有农业生产中产生的纯产品才是真正能够增加国家财富的源泉。重农主义认为保障财产权利、个人经济自由是社会繁荣的必要因素，其主张的经济自由主义成为西方主流经济学的核心观点。

第二节　短期生产理论

案例分析

三季稻不如两季稻

（根据梁小民《微观经济学纵横谈》的相关资料整理）

20 世纪 50 年代，一些地方为了增加产量，把传统的两季稻改为三季稻，最后发现稻子总产量不但没有增加，反而减少。在农业仍采用传统生产技术的情况下，土地、设备、水利资源、肥料等都是固定生产要素，两季稻改为三季稻没有改变这些固定生产要素，只是增加了可变生产要素，即劳动与种子。

两季稻是农民长期生产经验的总结，它行之有效，说明在传统农业技术条件下固定生产要素已得到充分利用。两季稻改为三季稻后，土地过度利用引起土地肥力下降，设备、肥料、水利资源等由两次使用改为三次使用，每次使用的数量都不足，这样三季稻的总产量就低于两季稻了。在技术和固定生产要素不变的条件下，只增加可变生产要素，会导致边际产量递减。

在短期生产中，资本投入量不变，劳动投入量随产量变动而变动。

一、总产量、平均产量和边际产量

总产量（total product，TP）指在资本不变时，劳动（L）与资本（K）的总产出，即

$$\mathrm{TP} = f(L, \bar{K})$$

平均产量（average product）指总产量与全部劳动投入量之比，即

$$\mathrm{AP} = \frac{\mathrm{TP}}{L}$$

边际产量（marginal product）指增加一单位劳动投入增加的总产量，即

$$MP=\frac{\mathrm{d}\,TP}{\mathrm{d}\,L}$$

总产量、平均产量和边际产量见表 4–2 所示。

表 4–2　总产量、平均产量和边际产量

资本投入量不变	劳动投入量（L）	总产量（TP）	平均产量（AP）	边际产量（MP）
3	1	3	3	3
3	2	8	4	5（8–3）
3	3	12	4	4（12–8）
3	4	15	3.75（15/4）	3（15–12）
3	5	17	3.40（17/5）	2（17–15）
3	6	17	2.83（17/6）	0（17–17）
3	7	16	2.29（16/7）	–1（16–17）
3	8	13	1.63（13/8）	–3（13–16）

由表 4–2 可知，在资本投入量不变的情况下，随着劳动投入增加，总产量、平均产量和边际产量都是先递增达到最大值再递减，如图 4–1 所示。

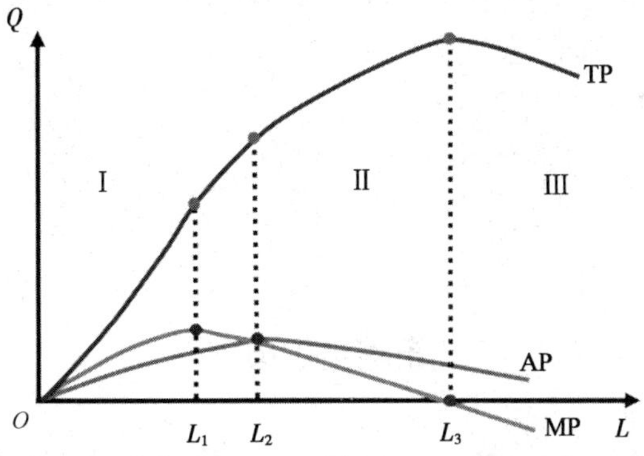

图 4–1　短期产量曲线

（一）总产量与边际产量的关系

MP>0，TP 递增；MP<0，TP 递减；MP=0，TP 达到最大值。

总产量与边际产量的关系是原函数与一阶导数的关系，根据导数定理可得上述关系。

（二）平均产量与边际产量的关系

MP＞AP，AP 递增；MP＜AP，AP 递减；MP=AP，AP 达到最大值。

平均产量与边际产量的关系可以用学生单科成绩与平均成绩举例说明，单科成绩高于平均成绩会提高平均成绩，单科成绩低于平均成绩会降低平均成绩。

二、边际产量递减规律

边际产量递减规律是指短期内技术不变，资本不变，仅增加劳动投入，达到一定限度后，劳动的边际产量递减。

因为劳动与资本投入量存在最佳比例，劳动投入达到最佳比例前其边际产量递增，达到最佳比例时其边际产量最大，继续增加偏离最佳比例后其边际产量递减。

三、短期生产投入的合理区间

在图 4-1 中，第Ⅰ阶段（$0 \sim L_2$），劳动投入量过少，增加劳动投入能提高总产量；第Ⅱ阶段（$L_2 \sim L_3$），劳动投入量合理，总产量逐渐达到最大值；第Ⅲ阶段（L_3 以后），劳动投入量过多，总产量下降。

经济历史

布阿吉尔贝尔

布阿吉尔贝尔（1646—1714）出生于法国，是重农学派的先驱。他做过地方议会法官，正是这段经历，他加深了对农村情况的了解，对农民产生了深厚的感情，在审理案件时更是坚持为农民争取利益。

布阿吉尔贝尔的代表作有《法国详情》《谷物论》《论财富、货币和赋税的性质》，这些著作主要关注点都是法国农村存在的现实问题。他认为土地是一切财富的源泉，社会财富是农业生产出来的农产品和其他必需品，农业是社会发展与进步的基础。同时，布阿吉尔贝尔也深刻揭示了社会生产各部门存在的内部联系，并提出各产业部门之间要保持“经济协调”的思想，今天的“平衡增长论”就是在这一思想基础上发展起来的。

第三节 长期生产理论

案例分析

马尔萨斯人口论

（根据高鸿业《西方经济学》的相关资料整理）

英国经济学家马尔萨斯认为，地球土地资源有限，随着人口膨胀，越来越多的劳动力耕种土地，劳动的边际产量下降，而更多人需要食物，最终会产生大饥荒。人类历史是按马尔萨斯的预言发展吗？

20 世纪，技术进步（如更高产抗病的种子、更高效的化肥、更先进的收割机械）使劳动生产率提高，劳动的边际产量和平均产量上升，特别是第二次世界大战后，世界总体食物增幅高于同期人口增幅，尽管局部地区劳动生产率低，存在饥荒，但人类总体并未出现大饥荒，食物充足。

如图 4–2 所示，农业劳动投入量为 L_1，技术进步前，劳动边际产量沿 MP_1 已递减为 Q_1；技术进步后，劳动边际产量却沿 MP_2 递增为 Q_2；技术持续进步后，劳动边际产量沿 MP_3 递增为 Q_3。

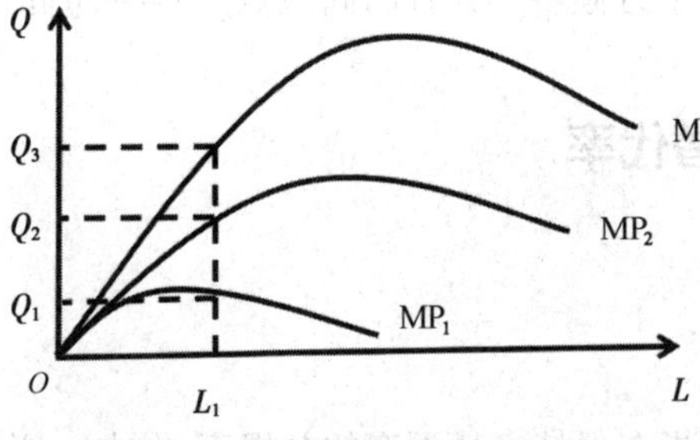

图 4–2 技术进步与边际产量曲线

在长期生产中，资本和劳动投入量都是变动的。

一、等产量线

在长期生产中资本和劳动投入量都变动，用等产量线表示产量，生产函数为：

$$\mathrm{TP}=f(L, K)$$

等产量线是指能产出相等产量的两种要素投入量全部组合方式的曲线，如图 4-3 所示。

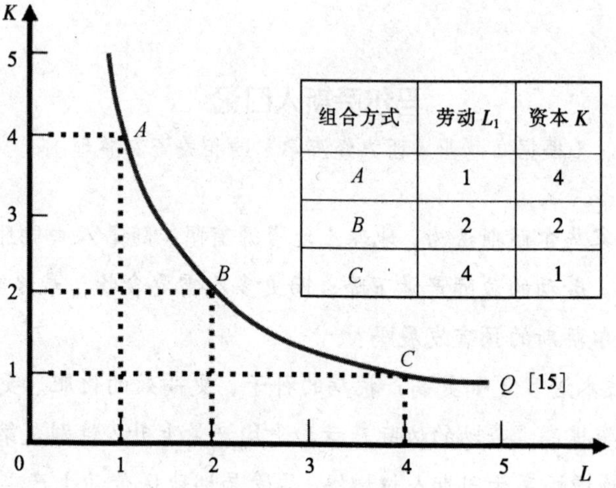

图 4-3　等产量线

等产量线具有如下特征：

（1）一个平面上可以有无数条等产量线，并且任何两条都不相交；

（2）离原点越远的等产量线代表的总产量水平越高；

（3）等产量线向右下方倾斜，并且凸向原点（斜率为负）。

二、边际技术替代率

（一）含义

边际技术替代率是指在保持产量不变的前提下，增加一单位某种要素投入量而必须减少的另一种要素投入量，如增加一单位劳动投入而需减少的资本投入量，其公式为：

$$\mathrm{MRTS}_{L,K}=-\frac{\Delta K}{\Delta L}$$

其中，ΔK、ΔL 分别为资本投入变化量和劳动投入变化量，由于劳动与资本呈反方向变化，所以 $\Delta K/\Delta L$ 为负数。

边际技术替代率的另一种表示方式是两要素的边际产量之比。在保持产量不变的前提下，增加一单位某种要素投入量导致的总产量增加量必须等于减少另一种要素投入量导致的总产量减少量，即：

$$|\Delta L \cdot \mathrm{MP}_L| = |\Delta K \cdot \mathrm{MP}_K|$$

$$\mathrm{MRTS}_{L,K} = -\frac{\Delta K}{\Delta L} = \frac{\mathrm{MP}_L}{\mathrm{MP}_K}$$

（二）边际技术替代率递减规律

在总产量水平不变前提下，随着某一种要素投入量增加，每增加一单位该要素所能替代的另一种要素数量是递减的。因为任何一种产品的生产技术都要求各要素投入之间有适当比例，这意味着要素之间的替代是有限的。

三、等成本线

等成本线是指所需成本相等的两种要素投入量全部组合方式的曲线。假定 P_L 和 P_K 分别表示劳动和资本的价格，则总成本公式为：

$$\mathrm{TC} = P_L \times L + P_K \times K$$

推导得：

$$K = \frac{\mathrm{TC}}{P_K} - \frac{P_L}{P_K} \cdot L$$

假设 TC=100，P_L=25，P_K=25，则等成本线如图 4-4 所示。

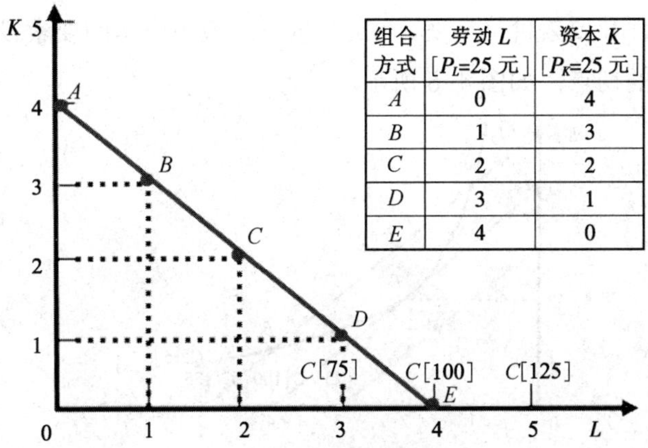

组合方式	劳动 L [P_L=25 元]	资本 K [P_K=25 元]
A	0	4
B	1	3
C	2	2
D	3	1
E	4	0

图 4-4 等成本线

等成本线具有以下特点：

（1）曲线为线性，斜率为小于 0 的常数；

（2）斜率的绝对值等于两种要素的价格之比。

四、最优生产要素组合

（一）最大产量组合

假定技术条件和要素价格不变，一定成本下最大产量的要素投入组合是等产量曲线与等成本线的切点，如图 4–5 所示。

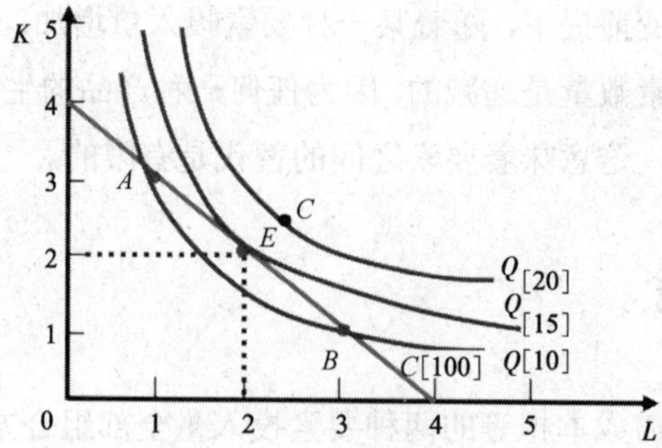

图 4–5　最大产量组合

Q［20］是在现有技术、成本和生产要素价格下，不能达到的产量水平。

Q［10］是产量水平较低，没有合理利用既定成本。

Q［15］是既定成本和价格下能达到的最大产量水平。

（二）最小成本组合

假定技术条件和要素价格不变，一定产量下的最小成本的要素投入组合是等产量线与等成本线的切点，如图 4–6 所示。

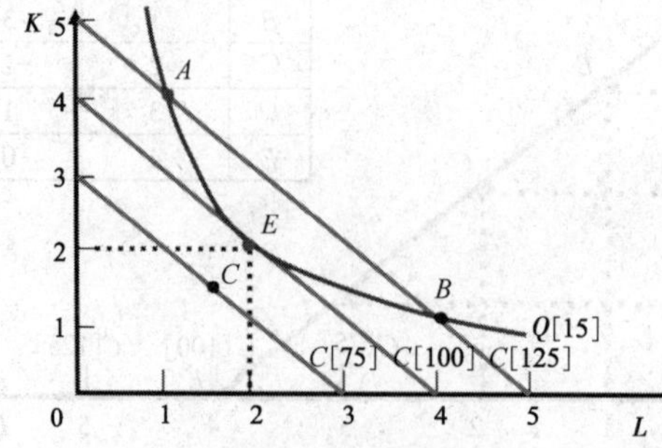

图 4–6　最小成本组合

C［75］虽然成本最低，但不能达到 Q［15］的产量。

C［125］在 A、B 点达到了 Q［15］的产量，但成本过高。只有 Q［15］与 C［100］相切时，既定产量下成本最小。

（三）生产者均衡

生产者均衡点是等产量线与等成本线的切点。在生产者均衡点上，等产量线的斜率等于等成本线的斜率。

$$\text{等产量线的斜率} = \frac{\Delta K}{\Delta L} = -\frac{MP_L}{MP_K}$$

$$\text{等成本线的斜率} = -\frac{P_L}{P_K}$$

$$\text{即} \frac{MP_L}{MP_K} = \frac{P_L}{P_K} \text{可改写为} \frac{MP_L}{P_L} = \frac{MP_K}{P_K}$$

生产者均衡条件是厂商用于购买每一种生产要素的最后一元钱所带来的边际产量相等。

（四）生产扩展线

生产扩展线是指厂商在不同生产规模最佳要素组合点的轨迹，即不同生产规模生产者均衡点的轨迹，表明了厂商扩大生产规模的合理选择路线，如图 4-7 所示。

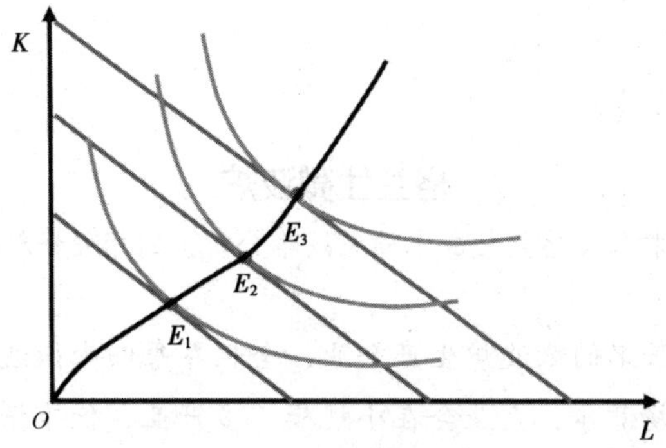

图 4-7　生产扩展线

经济历史

弗朗索瓦·魁奈

弗朗索瓦·魁奈（1694—1774）出生于法国巴黎，是重农学派的领袖。他16岁迫于生活压力外出谋生，学医归来成为家乡的一名外科医生。由于其医术高超，他在家乡的名气越来越大，被任命为宫廷御医，后因治愈王子疾病被封为贵族。

弗朗索瓦·魁奈的代表作是《经济表》，他的经济理论主要原则都体现在这一作品之中。经济表是一种理论分析工具，是为解决当时法国的现实经济问题和振兴国民经济而制定的。它以简明扼要的形式，通过描述社会各阶级之间的商品流通，论证资本主义社会生产和再生产的客观过程。弗朗索瓦·魁奈认为法国经济问题严重主要是由于农业的衰退，因此，要增进国民财富，使人民富裕起来，最重要的是振兴农业。他提出发展社会经济、增加社会财富的政策主张，包括发展农业、提高消费水平、实行自由经济政策、合理征税、发展对外贸易。

第四节　规模报酬

案例分析

格兰仕微波炉

（根据林伟《格兰仕成本领先战略分析》的相关资料整理）

格兰仕是全球著名的微波炉生产企业，全世界每四台微波炉就有一台是格兰仕生产的。面对市场竞争，企业会在小规模、多产业、低市场率战略与大规模、少产业、高市场率战略中选择一种作为企业的发展方向，格兰仕选择了后者。

格兰仕创建于1978年，前身是一家乡镇羽绒制品厂。1992年格兰仕怀着让中国品牌在微波炉行业扬眉吐气、让微波炉进入中国百姓家庭的雄心壮志大举进入家电业，从中国第一发展到世界第一：1993年试产微波炉1万台；1995年以25.1%的市场占有率占据中国市场第一位；1999年产销突破600万台，成为全球最大的专业化微波炉制造商；2001 年全球产销量达到 1 200 万台，并让人们领略了高档高质不高价的新消费主义；至 2006 年格兰仕已 12 年蝉联中国微波炉市场销售及占有率第一的双项桂冠，9 年蝉联微波炉出口销量和创汇双冠。

如此看来，规模化、成本领先战略是格兰仕成功的关键。格兰仕就是运用规模经济理论，即生产达到一定规模取得较好效益。

一、规模报酬与边际报酬

规模报酬，是指厂商同比例变动所有要素投入量（劳动、资本）而引起的产量变动，属于长期生产分析。

边际报酬，是指厂商只变动劳动投入量所引起的产量变动，属于短期生产分析。

二、规模报酬的类型

（一）规模报酬递增

规模报酬递增，是指产出量的增长比例大于投入量的增长比例，原因包括劳动分工和专业化优势、机械化和自动化优势、市场定价权和话语权优势、管理和销售成本优势。

（二）规模报酬不变

规模报酬不变，是指产出量的增长比例等于投入量的增长比例，原因是达到一定规模后，上述优势得到充分发挥。

（三）规模报酬递减

规模报酬递减，是指产出量的增长比例小于投入量的增长比例，原因包括管理层过多，信息传递失真，影响正确决策和决策效率；监控成本增加，导致组织成本大于交易成本。

三、规模报酬变化规律

企业从最初的小规模生产开始扩张时，进入规模报酬递增阶段；当企业生产规模扩大到全部优势得到充分发挥后，继续扩大生产规模将保持规模报酬不变；此后企业若继续扩大生产规模，就会进入规模报酬递减阶段。

经济历史

亚当·斯密

18世纪后半叶，全球范围形成三场意义深远的革命：以亚当·斯密《国富论》为代表的经济自由主义思想革命；以美国独立和法国大革命为代表的政治革命；以蒸汽机为代表的工业革命。《国富论》的出版，标志着英国古典政治经济学理论体系的建立。

亚当·斯密（1723—1790）出生于苏格兰，是英国的经济学家、哲学家、作家，是经济学的主要创立者，强调社会分工及自由贸易思想。他14岁考入格拉斯哥大学，17岁进入牛津大学学习，毕业后成为爱丁堡大学的一名教师，后来转到格拉斯哥大学工作并担任校长职务。格拉斯哥是苏格兰的工业中心，亚当·斯密实地观察当地的经济生活，为他写作提供了依据。他用10年时间完成了《国富论》，以生产大头针为例论述了分工和专业化对提高劳动生产效率的作用；主张取消政府干预，实行自由竞争和自由贸易；发现受供求变化而不断波动的市场价格所引起的资源配置过程。

第五章　成本理论

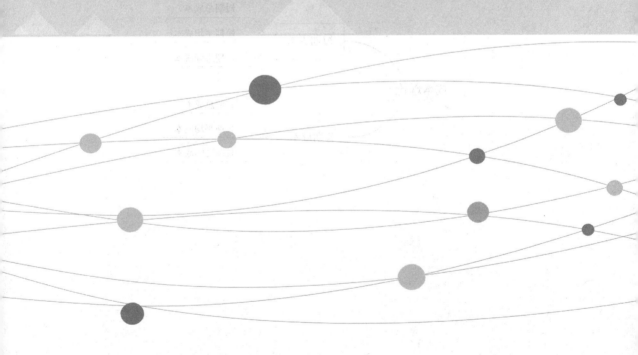

学习目标

知识目标：

1. 理解成本与产量的关系。
2. 理解短期成本与长期成本的区别。
3. 掌握总成本、平均成本、边际成本之间的关系。

能力目标：

能运用机会成本分析实际经济问题。

思维导图

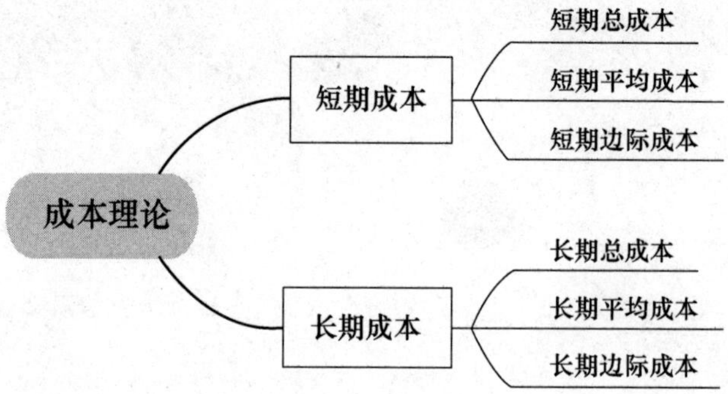

第一节　成　本

案例分析

服装店老板盈利还是亏损

（根据高鸿业《西方经济学》的相关资料整理）

张老板是某服装店的所有者，并亲自管理服装店。此外，张老板还面临其他两种选择：其一是把所拥有的相同资源（包括经营管理才能、资金及店铺）投入赵老板商店，每年获得工资收入 80 万元、利息收入 40 万元及店铺租金收入 30 万元，总计 150 万元；其二是把所拥有的相同资源投入王老板商店，每年获得收入总计 180 万元。事实上，张老板亲自管理服装店，去年总收益扣除成本后会计利润为 120 万元，那么张老板赢利 120 万元吗？

企业利润，即经济利润=总收益−总成本，总成本包括显性成本和隐性成本，经济利润应在会计利润中继续扣除隐性成本，即张老板去年的经济利润=120−180=−60 万元，即张老板去年亏损 60 万元。张老板自己经营服装店，便失去运用相同资源在其他两种场合的收入，即机会成本，机会成本是生产者失去的相同资源在其他场合获得的最高收入。

现实中个体生产者往往不向自己支付本该得到的工资、利息和地租收入，在账目中缺少这部分成本支出，有时亏损还以为赢利。

一、成本分类

（一）会计成本与机会成本

会计成本是指已经发生的实际支出，能在会计账目上反映出来，是与收入和利润相关的概念。

机会成本是生产者使用相同资源在其他用途中获得的最高收入，是与经济决策相关的概念。例如，一个人的劳动力可以用来开糕点店，收入为 200 元/h；也可以用来开饭店，收入为 90 元/h；还可以用来开商店，收入为 80 元/h。如果他选择开糕点店，机会成本是他的劳动力在其他用途中获得的最高收入，即 90 元/h。

（二）显性成本、隐性成本与经济成本

显性成本是指厂商在市场上购买或租用的生产要素的实际支出，即会计成本。公司制企业主要表现为显性成本。

隐性成本是指厂商自有且用于生产过程的生产要素的理论支出，如个体工商户的自有土地、房屋、劳动力。独资企业主要表现为隐性成本。

经济成本是显性成本与隐性成本之和。

（三）可回收成本与沉没成本

可回收成本是指会计成本中可以回收的成本，通过销售收入收回。

沉没成本是指会计成本中不可能回收的成本，无产出的成本变为沉没成本，主要是固定成本、开发成本。

（四）短期成本和长期成本

短期成本是指不变成本与可变成本之和。

长期成本是指全部投入的总成本，长期成本不分不变成本和可变成本。

二、利润

会计利润是指销售收入与会计成本的差额，经济利润是指销售收入与经济成本的差额，见表 5-1。

表 5-1　会计利润与经济利润

会计师的算法		经济学家的算法	
项目	数量	项目	数量
销售收益	300 000	销售收益	300 000
原材料费用	130 000	原材料费用	130 000
水电费	10 000	水电费	10 000
工资	50 000	工资	50 000
银行利息	10 000	银行利息	10 000

续表

会计师的算法		经济学家的算法	
项目	数量	项目	数量
		隐含租金 隐含利息 隐含工资	50 000 10 000 40 000
会计成本	200 000	经济成本	300 000
会计利润	100 000	经济利润	0

经济历史

威廉·配第

威廉·配第（1623—1687）出生于英国一个小手工业者家庭，被称为政治经济学之父。他在法国戛纳学习拉丁文、希腊文、法文、数学和天文学等，对他从事经济学研究产生了重要影响。后来他被委派为土地分配总监，被选为议员，获得男爵头衔，成为拥有 27 万英亩土地和几家手工场的资产阶级新贵族。

这些经历使他重视研究经济问题，主要经济学著作有《赋税论》《政治算术》等。他认为人类劳动是一切财富的源泉。他第一次系统地讨论了经济学方法论，探讨了社会经济发展客观规律，认识了经济现象本质，把经济学从其他科学中独立出来。他受培根影响，认为知识的目的在于解决实际问题，不能空谈。他受霍布斯影响，运用哈维血液循环学说剖析国家大事。他在经济分析中采用的政治算术方法是从个别到一般的归纳方法，即通过对大量感性材料和经验事实数据的考察比较，从许多个别事实中得出一般结论，这是科学抽象方法的初步运用。

第二节　短期成本分析

案例分析

福特公司产量的安排

（根据圣才学习网的相关资料整理）

福特公司想把每天的汽车产量从 1 000 辆增加到 1 200 辆，短期看来，厂房数量、设备数量不变，福特公司只能多雇用工人增加产量。厂房数量、设备数量与工人数量存在最佳配比，厂房数量、设备数量不变而工人数量增加，它们会偏离最佳配比，工人数量过多使生产效率下降，从而使每辆汽车的平均总成本从 1 万美元增加到 1.2 万美元；但长期看来，福特公司可以增加厂房数量、设备数量，它们继续保持最佳配比，从而平均总成本保持在 1 万美元。

短期成本包括厂房、设备等不变成本以及劳动、原材料等固定成本；长期看来，机器、厂房、劳动、原材料等生产要素都可变，都是可变成本。

一、短期成本的种类

（一）固定成本和可变成本

固定成本，是指不变投入带来的成本，在短期内不随产量变化而变化。可变成本，是指可变投入带来的成本，在短期内随产量变化而变化。

（二）总固定成本、总可变成本和总成本

总固定成本表示为 TFC（total fixed cost），是一个常数。

总可变成本表示为 TVC（total variable cost），TVC（Q）是关于产量 Q 的函数。总成本表示为 TC（total cost），TC=TFC+TVC。

（三）平均成本和边际成本

平均固定成本 AFC（average fixed cost）等于总固定成本与产量之比，即：

$$AFC=TFC/Q$$

平均变动成本 AVC（average variable cost）等于总可变成本与产量之比，即：

$$AVC=TVC(Q)/Q$$

平均总成本 ATC（average total cost）等于总成本与产量之比，即：

$$ATC=TC(Q)/Q=AFC+AVC$$

边际成本 MC（marginal cost）指每增加一单位产量带来总成本的增加值，即：

$$MC=d\,TC/dQ$$

二、短期成本曲线

如图 5-1 所示，TFC 是一条水平线；TVC 是产量的函数，与产量存在对应关

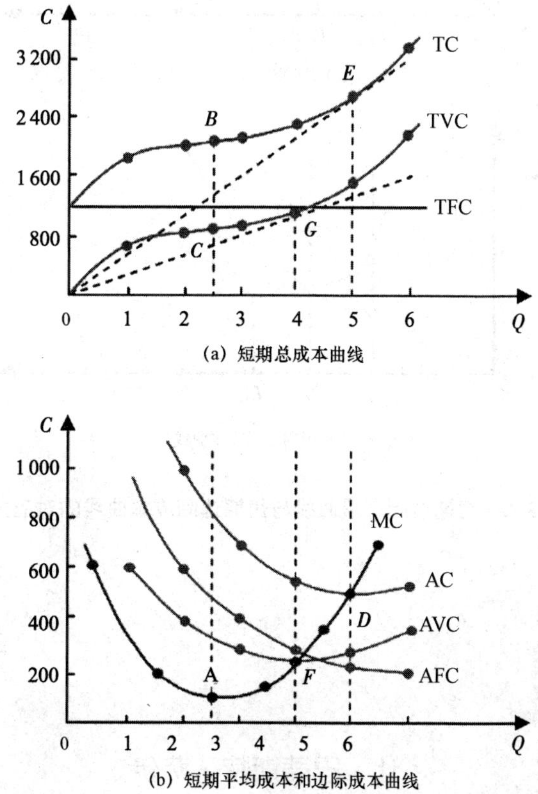

图 5-1　短期成本曲线

系；TC 与 TVC 斜率相同，并且二者的垂直距离等于 TFC。AFC 与产量成反比；AVC、AC、MC 均呈 U 形，即随着产量增加，三者均先递减，达到自身最低点后再递增，MC 经过 AVC、AC 的最低点。

三、短期边际产量曲线与短期边际成本曲线的关系

由于边际报酬递减规律，短期边际产量曲线和短期边际成本曲线之间是对应关系，即边际产量的递增阶段就是边际成本的递减阶段，边际产量的递减阶段就是边际成本的递增阶段，边际产量的最大值就是边际成本的最小值，如图 5–2 所示。

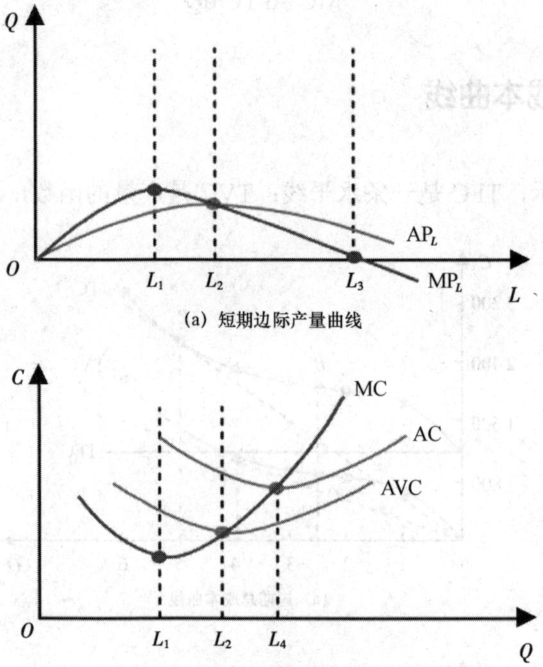

(a) 短期边际产量曲线

(b) 短期边际成本曲线

图 5–2　短期边际产量曲线与短期边际成本曲线的对应关系

经济历史

让 · 巴蒂斯特 · 萨伊

让 · 巴蒂斯特 · 萨伊（1767—1832）出生于法国里昂一个新教徒大商人家庭，

明确提出政治经济学是阐述财富的科学。他早年经营商业，在英国接受商业教育，参加过革命，担任《哲学、文艺和政治旬刊》主编，发表的经济理论博得拿破仑赏识，被委任为财政委员会法案评议委员，因反对拿破仑保护关税政策被解职，后来主要从事政治经济学研究和教学工作。

让·巴蒂斯特·萨伊的代表作是1803年发表的《政治经济学概论》，该书将亚当·斯密的经济理论条理化和系统化。他的生产创造需求、产品是以产品购买的原理被奉为“萨伊定理”，即出卖产品后必然购买产品，货币只是交换媒介，产品是用产品来购买的，供求一致，不可能有普遍生产过剩。在研究方法上他认为政治经济学应以发生的事实为基础，运用哲理推究方法研究经济事物的因果联系，根据仔细观察的事实，推究财富的本质。据此，他把政治经济学研究内容分为生产、分配和消费三部分，为西方经济学内容体系奠定基础。

第三节 长期成本分析

案例分析

油轮的规模

（根据高鸿业《西方经济学》的相关资料整理）

1883 年，马库斯·塞缪尔在伦敦开了一家贝壳商店。在获取来自里海的贝壳过程中，他的儿子发现一个新机遇，即从俄罗斯向远东地区出口石油，这桩生意日后发展成壳牌运输贸易公司。一直以来石油运输都是通过将灌满石油的木桶装运于货轮上，而 1892 年小塞缪尔构想出一艘形似水缸的轮船，并将其发展为世界上第一艘油轮。

一艘油轮可以被看成是一个大圆桶，圆桶的容积随表面积增加而增加，造价也随表面积增加而提高，但是圆桶容积增加比例总是大于表面积增加比例。例如，一艘能装载 20 万 kg 的油轮，仅是能装载 2 万 kg 油轮长、宽、深度的各约两倍，而前者的装载吨位却是后者的 10 倍。显然，建造大油轮要比小油轮更合算，即大油轮在建造和运营中获得了规模经济的好处。所以到 20 世纪 70 年代石油运输出现了向大油轮发展的趋势，大型油轮的单位运价也更便宜。

一、长期成本函数与短期成本函数

（一）长期成本与短期成本的区别

长期成本，是指全部要素投入都可变，总成本均为变动成本。

短期成本，是指至少一种要素投入不变，总成本分为固定成本和变动成本。

（二）长期成本与短期成本的表示方式

1. 长期成本函数

若长期成本函数为 LC=LC(Q)（LC，longrun cost），则 LTC 为长期总成本，LAC 为长期平均成本，LMC 为长期边际成本。

2. 短期成本函数

若短期成本函数为 SC=SC(Q)（SC，shortrun cost），则 STC 为短期总成本，SAC 为短期平均成本，SMC 为短期边际成本。

二、长期总成本

（一）长期总成本与最优经济规模

短期生产的最优经济规模是指平均总成本最低的生产规模，即在既定产量下的总成本最低。由于短期生产是长期生产的一部分，因此可以由此界定长期生产的总成本。

长期总成本是指厂商在每一个产量水平上选择最优生产规模所能达到的最低总成本，其变动趋势是：

Q=0 时，LTC=0；生产规模较小时，LTC 快速增加；在合理生产规模区间，LTC 增速减缓；超过合理生产规模时，LTC 快速增加。

（二）长期总成本曲线及其特点

长期总成本曲线是在每一个产量水平上的最优生产规模所能达到的最低总成本点的切线，如图 5-3 所示。

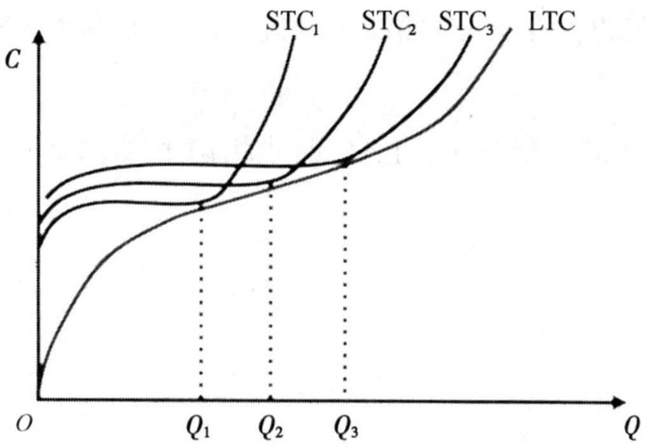

图 5–3　长期总成本曲线

长期总成本曲线具有以下特点：

（1）LTC 曲线是无数条 STC 曲线的包络线，切点所对应的总成本为既定产量的最低总成本；

（2）LTC 曲线为长期内不同生产规模的最小总成本线；

（3）LTC 曲线从原点出发向右上方倾斜，LTC 曲线的斜率变化是一个由大变小、再变大的过程。

三、长期平均成本

1. 长期平均成本的概念

长期平均成本是长期总成本与其所对应的产量之比，用公式表示为：

$$\text{LAC}=\text{LTC}/Q$$

2. 短期平均成本曲线

短期平均成本曲线是短期平均总成本变化的轨迹。短期平均成本曲线表现为一条 *U* 形曲线，其最低点为平均总成本最低。由于短期生产是长期生产的一部分，因此我们可以由此确定长期平均成本曲线。

3. 长期平均成本曲线

长期平均成本曲线是无数条短期平均成本曲线的包络线，如图 5–4 所示。

长期平均成本曲线具有以下特点：

（1）LAC 曲线与每一产量水平的短期平均成本曲线相切；

（2）LAC 曲线呈现出 *U* 形特征时，在 LAC 曲线的下降段，LAC 曲线相切于

SAC 曲线最低点的左边；在 LAC 曲线上升段，LAC 曲线相切于 SAC 曲线最低点的右边；

（3）在 LAC 曲线的最低点上，LAC 曲线相切于 SAC 曲线的最低点。

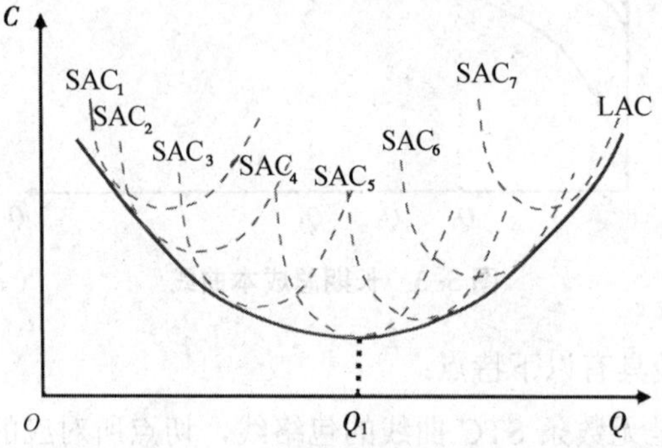

图 5–4　长期平均成本曲线

四、长期边际成本

（一）长期边际成本的概念

长期边际成本是指在长期内每增加一单位产量所引起的长期总成本的增量，用公式表示为：

$$\text{LMC}=\text{d LTC}/\text{d}Q$$

（二）长期边际成本曲线及特点

长期边际成本曲线是指长期平均成本曲线与短期平均成本曲线的切点所对应的短期边际成本点的轨迹。

如图 5–5 所示，Q_1 最优生产规模由 LAC 曲线与 SAC_1 曲线的切点决定，在 P 点，有 $LMC=SMC_1$；Q_2 最优生产规模由 LAC 曲线和 SAC_2 曲线的切点决定，在 R 点，有 $LMC=SMC_2$；Q_3 最优生产规模由 LAC 曲线与 SAC_3 曲线的切点决定，在 S 点，有 $LMC=SMC_3$；以此类推，可以有无数个 LAC 曲线与 SAC 曲线相切点对应的 SMC 点，将这些 SMC 点连接起来，便得到一条光滑的 LMC 曲线。

长期边际成本曲线具有以下特点：

（1）长期边际成本曲线呈 U 形特征；

（2）长期边际成本曲线相交于长期平均成本曲线的最低点。

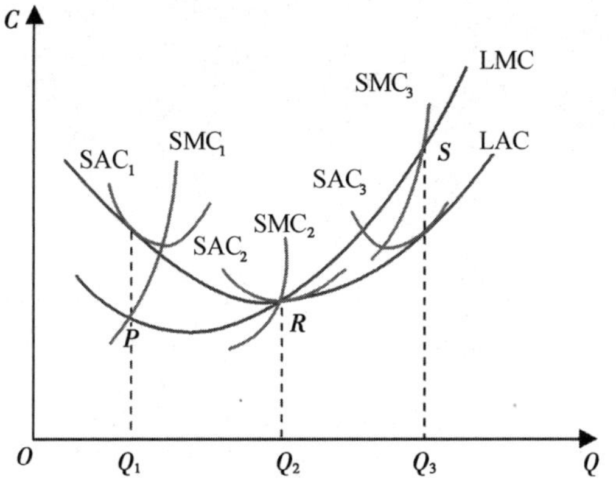

图 5–5　长期边际成本曲线

经济历史

大卫·李嘉图

大卫·李嘉图（1772—1823）出生于英国伦敦犹太人交易所一个经纪人家庭，是政治经济学的实践者。他 14 岁随父亲从事交易所活动，25 岁成为英国金融界巨富之一。从此，他开始学习和研究科学，他研究过数学、化学、物理、矿物学、地质学等，是英国地质学会创始人之一，也喜欢文学和哲学。1799 年他通过亚当·斯密的《国富论》对政治经济学产生了兴趣，从此开始研究政治经济学。

大卫·李嘉图的代表作是 1817 年发表的《政治经济学及赋税原理》，该书反响强烈供不应求，使其成为著名经济学家。该书的基本思想是论证在以经济自由为基本原则的资本主义制度下，在大工业的基础上，通过国民收入合理分配和再分配，发展对外贸易，使利润、资本积累不断增长，从而使社会生产力和国民财富得到迅速、无限增长。劳动价值论是大卫·李嘉图全部经济学说的基础和出发点，他认为商品价值取决于生产它所必要的劳动量，这是其劳动价值论的核心观点。

第六章　市场理论

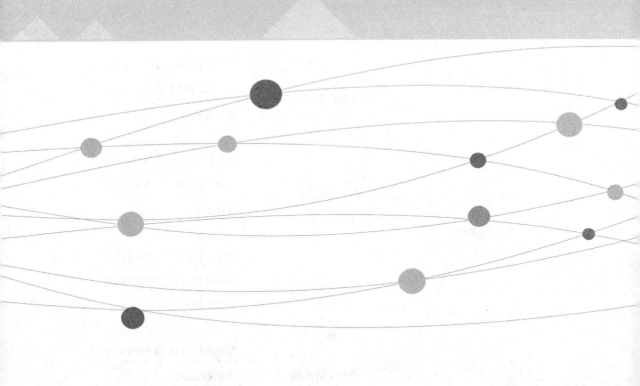

学习目标

知识目标：

1. 掌握利润最大化原则。
2. 了解四种市场结构的特点。
3. 熟悉厂商短期均衡和长期均衡。

能力目标：

1. 能运用停止营业点分析厂商生产经营状况。
2. 能运用价格歧视分析现实经济问题。
3. 能合理应用博弈论。

思维导图

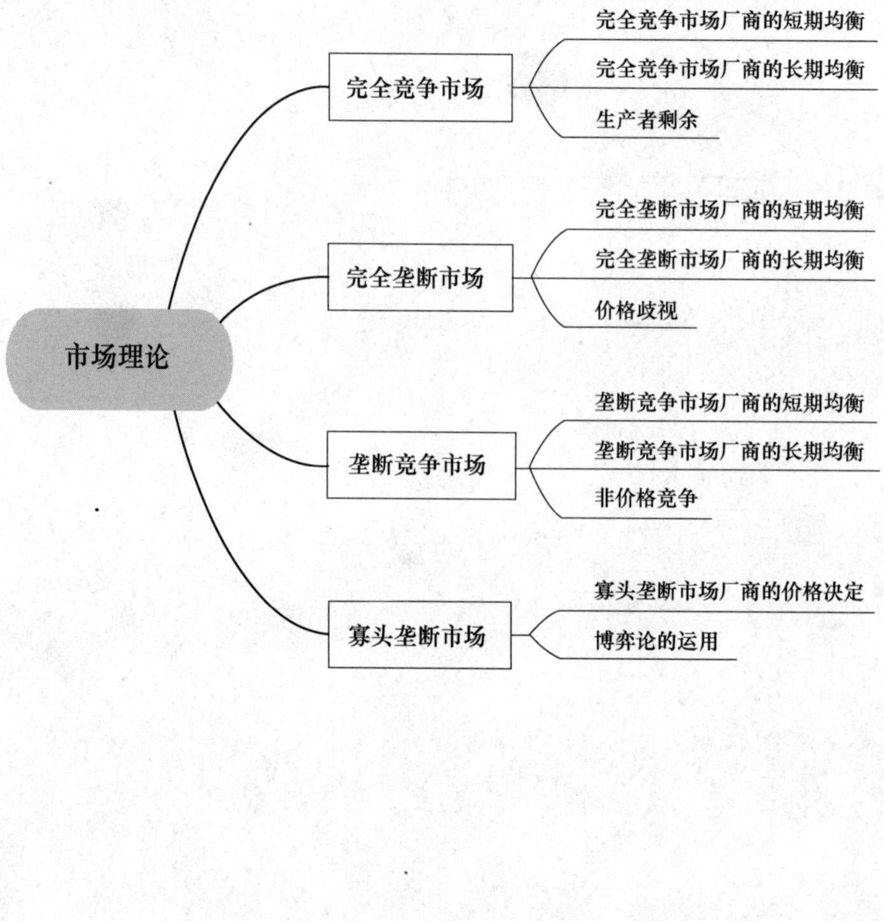

第一节 市场理论概述

案例分析

彩电业的价格联盟

（根据《上海证券报》相关资料整理）

家电企业结成价格联盟比较常见，却并不成功。20 世纪 90 年代，面对日益激烈的价格竞争，我国多家彩电企业结成价格联盟，打算限产压库共同提高彩电价格，实现垄断利润，但市场回敬给价格联盟的是更激烈的竞争。彩电价格不断下降直至演变成前所未有的价格战，涉及面更广，降价幅度更大。

随着彩电技术水平的提高以及生产规模的扩大，彩电成本不断下降，彩电价格呈现下降趋势，这正是彩电市场趋向成熟的表现。彩电价格联盟实际上难以维持，因为结盟者将价格定在较高水平，个别成员有可能稍微降低价格吸引更多消费者，从而增加自己的市场份额和利润。而一旦如此，将产生多米诺骨牌效应，君子协议形同虚设。

竞争是市场经济的本质属性，通过价格联盟谋求垄断地位违背了市场规律。企业一旦从竞争压力中解放出来，会丧失创新动力，从长远看这种保价行动最终将阻碍中国彩电业的发展。

一、市场类型

（一）划分市场类型的主要标准

（1）厂商数量的多少。参与某一产品市场的厂商越多，竞争越激烈。

（2）产品的差别程度。产品的差异性越小，市场竞争越激烈。

（3）厂商对价格的控制程度。价格控制程度越高，竞争程度越低。

（4）厂商进出行业的难易程度。行业进出限制，无法形成竞争局面。

（二）市场的四种基本类型

（1）完全竞争市场，即竞争不受任何阻碍和干扰的市场结构，这是理论假设。

（2）完全垄断市场，即整个行业市场完全由一家厂商控制的状态，如铁路。

（3）垄断竞争市场，即既有垄断又有竞争的市场结构，如轻工、商业、服务业。

（4）寡头垄断市场，即几家厂商供给行业市场大部分产品的市场结构，如石油、汽车、电信。

四种市场类型的比较见表 6-1。

表 6-1　四种市场类型的比较

市场类型	厂商数量	产品差别的程度	对价格的控制程度	进入市场的难易程度	接近的商品市场
完全竞争	很多	无差别	没有	很容易	农产品
完全垄断	一家	不可替代	很大	不可能	铁路、电力
垄断竞争	很多	有差别	较小	比较容易	轻工业、零售业
寡头垄断	很少	有差别	较大	比较困难	汽车制造、石油开采

二、利润最大化的实现条件

利润＝总收益－总成本，即

$$\pi(Q)=\mathrm{TR}(Q)-\mathrm{TC}(Q)$$

利润的导数等于 0 时利润最大化，即

$$\frac{\mathrm{d}\pi}{\mathrm{d}Q}=\frac{\mathrm{d\,TR}}{\mathrm{d}Q}-\frac{\mathrm{d\,TC}}{\mathrm{d}Q}=\mathrm{MR}-\mathrm{MC}=0$$

$$\mathrm{MR}=\mathrm{MC}$$

所以，利润最大化的条件是边际收益＝边际成本。

当 MR＞MC 时，增加产量的收益大于成本，增加产量可增加总利润；

当 MR＜MC 时，增加产量的收益小于成本，减少产量可增加总利润；

当 MR=MC 时，总利润最大。

经济历史

弗雷德里克·巴师夏

弗雷德里克·巴师夏（1801—1850）出生于法国南部盛产葡萄酒地区一个工商业资本家家庭，是19世纪中叶法国自由贸易派的主要代表。1825年他继承祖父遗产成为酿酒业大资本家，因为法国的酿酒业在世界市场具有明显竞争优势，不怕与外国对手竞争，所以弗雷德里克·巴师夏极力主张自由贸易，并从事自由贸易社会活动。法国1830年七月革命后，他积极参加社会政治活动，除宣传自由贸易外还担任地方法官。1845年他移居巴黎，组织自由贸易协会，并担任该协会秘书。1848年法国二月革命后，他被选入国民议会。

弗雷德里克·巴师夏的代表作是1850年出版的《经济和谐》，该书的中心思想是论证资本主义是自由贸易的社会，工人和资本家都是自由贸易的平等参加者，各阶级的利益是和谐一致的。他的著作以服务价值论为基础，以经济和谐论为中心，以论证资本主义社会是自由和谐的体系为目的。弗雷德里克·巴师夏晚年当选国会议员，常以生动活泼的寓言，间接有效地传达他的观点，说服他的国会同僚。

第二节 完全竞争市场

案例分析

航空公司的淡季航班

（根据高鸿业《西方经济学》的相关资料整理）

假定某航空公司有几次飞往乙地的航班，乙地是以滑雪等冬季运动为主题的旅游胜地，所以飞往乙地的航班有明显的旺季和淡季区分。在淡季该航空公司开往乙地的若干航班出现亏损，公司的经营管理层需要做出决策：在淡季这些亏损的航班应该继续飞行还是停飞？

假定某次航班总收益为6万元，可变成本为4.3万元，分摊的固定成本为3.6

万元，即总成本为7.9万元，总成本大于总收益，该次航班是亏损的。但是总收益大于总可变成本即1.7万元可用来弥补固定成本的一部分，应该继续飞行。如果取消此次航班，就不会有收益，也不必支出可变成本，但是对既有的固定成本3.6万元没有任何补偿。所以即便在淡季此次航班是亏损的，仍应该继续飞行。

如果此次航班总收益小于总可变成本，就应该取消此次航班。因为总收益连总可变成本都无法弥补，就更谈不上弥补固定成本了。

可变成本是航班飞行产生的成本，如燃油料成本、为乘客提供食品饮料的成本等，它与飞行里程数和乘客数量有关。固定成本是不管航班是否飞行，航空公司前期已支付的成本，如购买飞机和相关设备的成本等。

由此可见，总收益和总可变成本的比较，是航空公司经营管理层决定淡季亏损航班是否继续飞行的基本原则。

一、完全竞争市场的特点

（1）市场上存在大量的买者和卖者。

（2）厂商提供的产品是无差别的。

（3）所有资源都具有完全的流动性，任何厂商都可自由进出该市场。

（4）市场上每一个卖者和买者均有完备的市场信息。

现实生活中，不存在符合以上条件的市场。完全竞争市场分析主要说明市场机制及资源配置原理，为市场分析奠定基础。

二、完全竞争市场厂商的需求曲线和收益曲线

（一）完全竞争市场厂商的需求曲线

完全竞争市场厂商的需求曲线是既定市场价格线，是一条水平线。在完全竞争市场上，存在大量厂商，单个厂商不能影响价格，只能是市场供求决定的均衡价格的接受者。在既定价格下，市场对个别厂商的需求是无限的，如图6–1所示。

（二）完全竞争市场厂商的收益曲线

由于完全竞争市场厂商的销售价格是既定常数，所以

$$总收益\ \mathrm{TR}=P\times Q$$

$$平均收益\ \mathrm{AR}=\mathrm{TR}(Q)/Q=P$$

边际收益 MR=d TR/dQ=d(P×Q)/dQ=P（P 为常数）

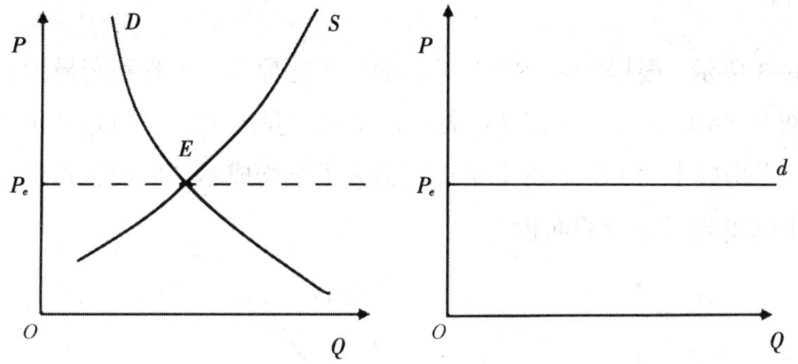

(a) 市场供求曲线 (b) 厂商的需求曲线

图 6–1 完全竞争市场厂商的需求曲线

完全竞争市场厂商的收益曲线如图 6–2 所示。

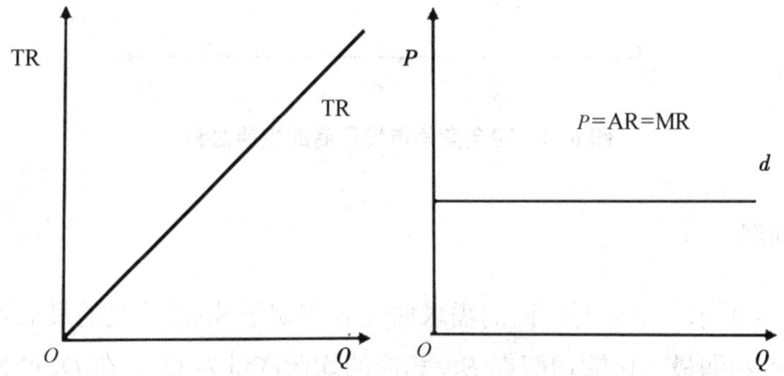

(a) 总收益曲线 (b) 平均收益和边际收益曲线

图 6–2 完全竞争市场厂商的收益曲线

完全竞争市场厂商的收益曲线具有以下特点：

（1）厂商总收益 TR 曲线是一条由原点出发、斜率不变的直线；

（2）市场对厂商的需求曲线是由 P 点出发的水平线，且 AR=MR=P。

三、完全竞争市场厂商的短期均衡和短期供给曲线

（一）完全竞争市场厂商的短期均衡

完全竞争市场厂商在短期内不能按市场需求调整全部生产要素，只能根据 MR=MC 的原则来决定其产量，所以厂商的短期均衡有可能出现以下三种情况。

1. 盈利

如图 6-3 所示，根据 MR=SMC 的利润最大化原则，厂商利润最大化的均衡点为 MR 曲线和 SMC 曲线的交点 E，相应的均衡产量为 Q_E。在 Q_E 产量上，平均收益为 EQ_E，平均成本为 FQ_E。由于平均收益大于平均成本，厂商获得经济利润，经济利润等于图中阴影部分的面积。

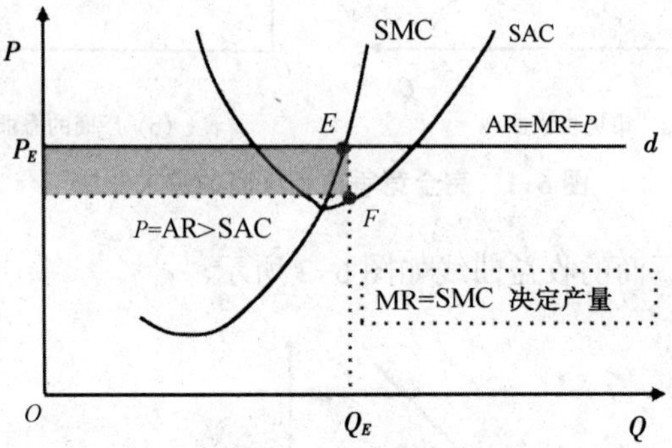

图 6-3　完全竞争市场厂商的短期盈利

2. 零利润

如图 6-4 所示，市场对厂商的需求曲线 d 相切于 SAC 曲线的最低点，此点为 MR=SMC 的利润最大化的均衡点 E，相应的均衡产量为 Q_E。在 Q_E 产量上，平均收益等于平均成本，厂商的经济利润为零。

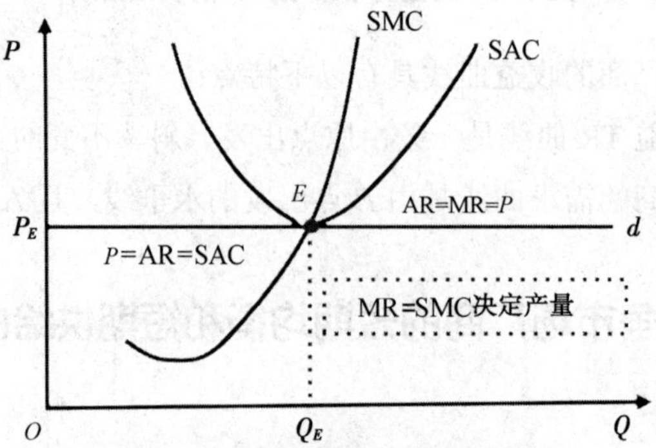

图 6-4　完全竞争市场厂商的短期零利润

3. 亏损

如图 6-5 所示，根据 MR=SMC 的利润最大化原则，厂商利润最大化的均衡点为 MR 曲线和 SMC 曲线的交点 E，相应的均衡产量为 Q_E。在 Q_E 产量上，平均收益为 EQ_E，平均成本为 FQ_E。由于平均收益小于平均成本，厂商亏损，亏损额等于图中阴影部分的面积。

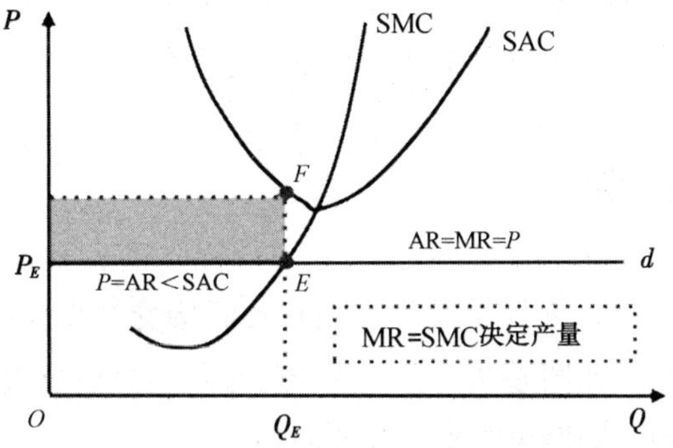

图 6-5　完全竞争市场厂商的短期亏损

（二）完全竞争市场厂商的停止营业点

如图 6-6 所示，在 E_1 点，平均收益大于平均成本，厂商有经济利润；在 E_2 点，平均收益等于平均成本，厂商收支平衡；在 E_3 点，平均收益大于平均可变成本，厂商虽然亏损，但如果经营，总收益可以补偿全部可变成本，还会补偿一部分固定成本，如果停业，没有可变成本也没有收益，损失全部固定成本，所以应继续营业；在 E_4 点，平均收益等于平均可变成本，收益对固定成本没有补偿，营业和不营业结果一样，都是损失全部固定成本，应停止营业。

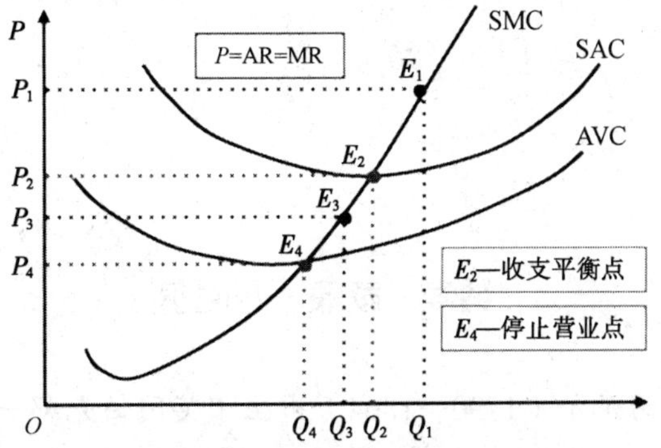

图 6-6　完全竞争市场厂商的短期停止营业点

（三）完全竞争市场厂商的短期供给曲线

完全竞争市场厂商的短期供给曲线是以停止营业点为起点的短期边际成本曲线。

四、完全竞争市场厂商的长期均衡

从长期看，厂商可以根据市场需求来调整全部生产要素，因此长期中企业可以扩大或缩小企业规模，进入或退出某一行业。竞争使厂商长期均衡的利润为零。

五、生产者剩余

生产者剩余是指厂商在提供某种产品时实际接受的收入量与其本来愿意接受的收入量之间的差额。如图 6–7 所示，均衡时市场生产者剩余为市场价格线以下、供给曲线以上的面积，即图中阴影部分的面积。

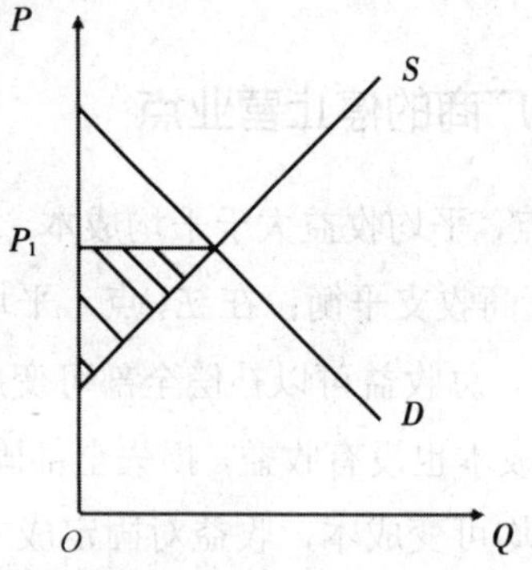

图 6–7　生产者剩余

经济历史

纳索·威廉·西尼尔

纳索·威廉·西尼尔（1790—1864）出生于英国伯克郡一个乡村牧师家庭，对古典经济学的发展主要表现在提出以节欲论为核心的经济学说。他 1812 年毕业于牛津大学法学院，起初从事律师事务，1825 年任职牛津大学教授，担任政治经济学讲师。1830 年他辞去教授职务，积极参加政府各种委员会活动，相继参加政府关于工人运动的各种专门委员会、修改济贫法案委员会以及教育委员会的活动，提出以节欲论为核心的经济学说。

西尼尔的代表作是 1836 年出版的《政治经济学大纲》。这部书最先运用人的心理因素解释社会经济现象。他把生产三要素归结为劳动、自然要素和节欲，用节欲取代资本，节欲虽不创造财富，但却有助于财富的积累，在经济思想史上第一次把主观心理因素引入政治经济学研究中。

第三节 完全垄断市场

案例分析

价格歧视

（根据网络资料整理）

当民航客票定价时，航空公司将潜在的乘机者划分为两种类型，相当于将客票销售分割成两个市场，针对不同群体制定不同价格。

一类是因公出差人员，如私企公司高级职员。他们对票价不计较但对乘机时间要求较高，因而可对他们制定较高的票价，但在时间上给予照顾，允许他们提前一天订票。

另一类是收入较低的旅行人员，如淡季出游者。他们在乎票价但对时间要求不高，因而可对他们制定较低的票价，但在时间上要求对航空公司有利。这样可以充分利用民航的闲置客运能力，增加公司收益。若不进行市场分割，实行单一的较高票价，就会把这部分潜在的消费者推出客运市场，公司的闲置客运能力便不能产生效益，这对公司是不利的。

一、完全垄断市场的特征及形成垄断的原因

（一）完全垄断市场的特征

（1）某种产品只有一个生产者和销售者。

（2）该产品具有不可替代性。

（3）其他厂商不能进入该产品市场。

（二）形成垄断的原因

（1）厂商控制了关键的生产资源，这种对生产资源的独占，排除了经济中的其他厂商生产同种产品的可能性。

（2）厂商拥有生产和销售某种产品的专利权，厂商可以在一定时期内垄断该产品的生产。

（3）政府特许经营，政府对某些行业特许一个厂商独家经营，如铁路、供电、供水等部门。

（4）规模经济派生的自然垄断，某产品的市场需求完全由一个企业生产才能达到规模经济要求，当某个厂商凭借其经济实力和其他优势达到这一生产规模时，就垄断了这个行业的生产和销售。垄断厂商平均成本低，其他厂商无法与之竞争，如一些稀有金属的生产。

二、完全垄断市场厂商的需求曲线和收益曲线

（一）完全垄断市场厂商的需求曲线

完全垄断市场厂商的需求曲线就是市场需求曲线。完全垄断市场中只有一个厂商，它是一条向右下方倾斜的曲线。完全垄断市场厂商可以通过改变销售量来控制市场价格。完全垄断市场厂商的销售量与市场价格呈反方向变动。

（二）完全垄断市场厂商的收益曲线

1. 完全垄断市场厂商的收益曲线特点

由于需求曲线向右下方倾斜，增加销售量就需要降低价格，因此，

平均收益 AR 曲线向右下方倾斜，与 P 的变动轨迹重合；

边际收益 MR 曲线向右下方倾斜，MR=0 时，TR 最大；

总收益 TR 曲线随销量的增加而上升，MR=0 后，随销量的增加而下降。

设 $TR=12Q-Q^2$，则 $MR=12-2Q$，$AR=(12Q-Q^2)/Q=12-Q$

完全垄断市场厂商的收益曲线如图 6-8 所示。

销售量	价格(=平均收益)	总收益	边际收益
0	12	0	12
1	11	11	10
2	10	20	8
3	9	27	6
4	8	32	4
5	7	35	2
6	6	36	0
7	5	35	–2
8	4	32	–4
9	3	27	–6
10	2	20	–8

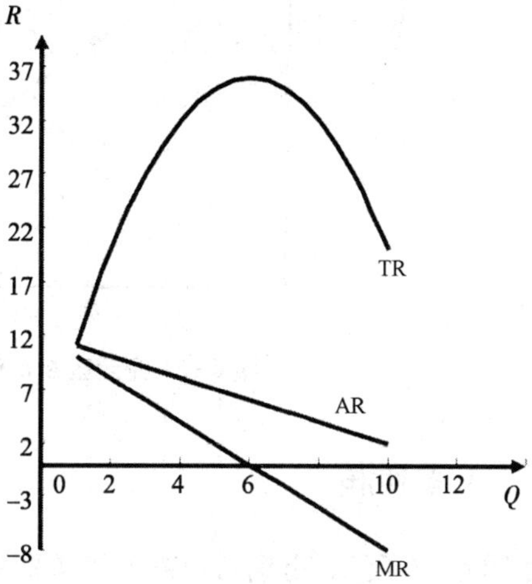

图 6–8 完全垄断市场厂商的收益曲线

2. 完全垄断市场厂商 TR、MR、AR 的关系

由于 AR=P，故 AR 曲线和需求曲线 d 重叠。

MR 曲线向右下方倾斜且在 AR 曲线的左下方。

MR＞0，TR 斜率为正；MR＜0，TR 斜率为负；MR=0，TR 达最大值。

三、完全垄断市场厂商的短期均衡

完全垄断市场厂商在短期内不能按市场需求调整全部生产要素，只能根据 MR=MC 的原则来决定其产量，所以，完全垄断市场厂商的短期均衡有可能出现以下三种情况。

（一）盈利

如图 6–9 所示，根据 MR=SMC 的利润最大化的均衡条件，厂商利润最大化的均衡点为 MR 曲线和 SMC 曲线的交点 E，相应的均衡产量为 Q_E。在 Q_E 产量上，平均收益为 GQ_E，平均成本为 FQ_E。由于平均收益大于平均成本，厂商获得经济利润，经济利润等于图中阴影部分的面积。

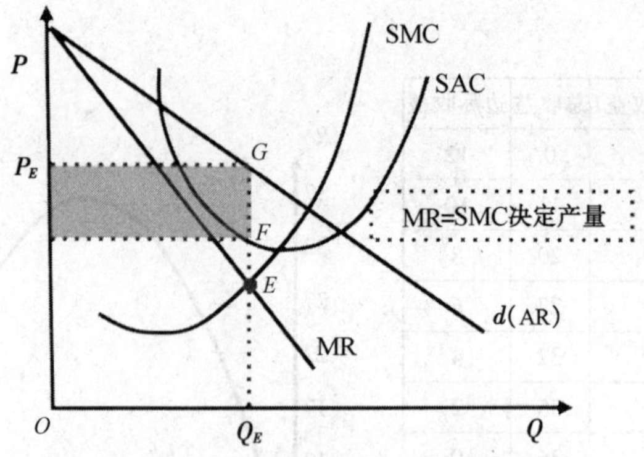

图 6-9　完全垄断市场厂商的短期盈利

（二）零利润

如图 6-10 所示，市场对厂商的需求曲线 d 与 SAC 曲线相切，切点为 MR=SMC 的利润最大化的均衡点 E 决定的产量 Q_E 与平均收益线的交点 F。在均衡产量 Q_E 上，平均收益等于平均成本，厂商的经济利润为零。

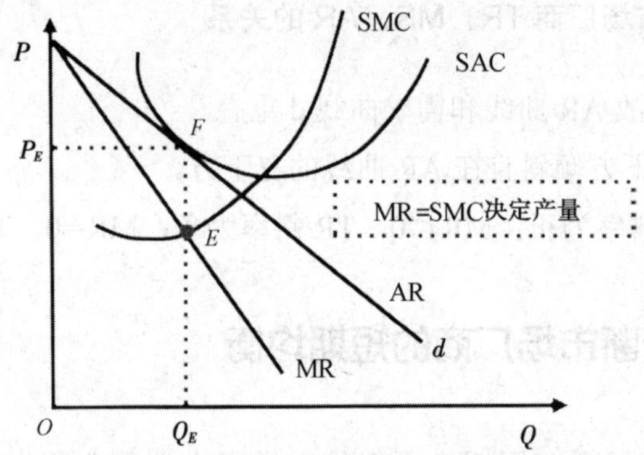

图 6-10　完全垄断市场厂商的短期零利润

（三）亏损

如图 6-11 所示，根据 MR=SMC 的利润最大化的均衡条件，厂商利润最大化的均衡点为 MR 曲线和 SMC 曲线的交点 E，相应的均衡产量为 Q_E。在均衡产量 Q_E 上，平均收益为 GQ_E，平均成本为 FQ_E。由于平均收益小于平均成本，厂商亏损，亏损额等于图中阴影部分的面积。

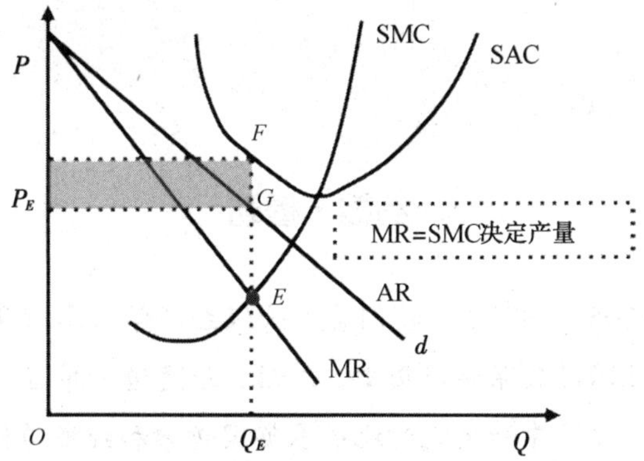

图 6-11 完全垄断厂商短期亏损

四、完全垄断市场厂商的长期均衡

完全垄断市场厂商在长期内可以调整全部生产要素投入量，从而实现最大利润。完全垄断市场厂商排除了其他厂商进入的可能性，因此完全垄断市场厂商可长期保持盈利。

五、价格歧视

价格歧视可以分为三级。

（一）一级价格歧视

一级价格歧视是指厂商对每一单位产品都按消费者所愿意支付的最高价格出售。一级价格歧视下垄断厂商占有了全部消费者剩余。

（二）二级价格歧视

二级价格歧视是指对不同的需求数量规定不同的价格。

（三）三级价格歧视

三级价格歧视是指对不同的消费群体规定不同的价格。在需求价格弹性小的市场提高价格，在需求价格弹性大的市场降低价格。

经济历史

约翰·穆勒

约翰·穆勒（1806—1873）是英国资产阶级经济学家和哲学家，是古典经济理论的综合阐述者。他跟随父亲学习历史、外语，跟随边沁学习哲学，跟随李嘉图学习经济学。父亲的苦心培养和熏陶对他继承英国哲学和经济学传统，进行有成效研究起了重要作用。1823—1858 年他在英国东印度公司任职，同时研究哲学和经济学，1865—1868 年他担任英国国会议员。

约翰·穆勒的代表作是 1848 年出版的《政治经济学原理及其在社会哲学上的应用》。其经济学说最大特点是对古典经济学的综合，不但包含亚当·斯密以后古典经济学的各种分歧观点和流派，而且对空想社会主义也表现出相当的容忍和理解。在国际贸易方面，他在李嘉图比较成本学说基础上提出“国际需求方程式”，即在交换中获得比较利益最大份额的国家是在对外贸易中处于最有利地位，其产品最为外国需要，而自己是对外国产品需要最少的国家。

第四节　垄断竞争市场

案例分析

北京小剧场

北京小剧场脍炙人口，如雨后春笋般迅速发展。市场竞争使各小剧场不断降低价格，而为了降低成本，很多小剧场题材同质并且演出质量不高，不受观众欢迎。但是有些剧场虽然价格贵，但消费者纷至沓来，而且大多是网络、电话提前预订，经过调查分析，根本原因是这些剧场注重提高剧本质量、提高演员演出质量，所以能在激烈竞争中独占鳌头。

一、垄断竞争市场的特点

（1）产品之间既有差别（垄断），又有较高的替代性（竞争），产品有差别是垄断竞争市场形成的基本原因。

（2）厂商数量较多，每个厂商的行为影响很小，不会受到竞争对手的报复措施。

（3）厂商进入该产品市场比较容易。

现实中大多数商品的市场结构属于垄断竞争市场。

二、垄断竞争市场厂商的需求曲线

垄断竞争市场厂商的需求曲线是介于完全竞争和完全垄断之间的较为平坦的向右下方倾斜的曲线。

三、垄断竞争市场厂商的短期均衡

垄断竞争市场厂商在短期内不能按市场需求调整全部生产要素，只能根据 MR=MC 的原则来决定其产量。所以厂商的短期均衡有可能出现三种情况，与完全垄断类似。

（一）盈利

如图 6-12 所示，根据 MR=SMC 的利润最大化的均衡条件，厂商利润最大化的均衡点为 MR 曲线和 SMC 曲线的交点 E，相应的均衡产量为 Q_E。在均衡产量 Q_E 上，平均收益为 GQ_E，平均成本为 FQ_E。由于平均收益大于平均成本，厂商获得经济利润，经济利润等于图中阴影部分的面积。

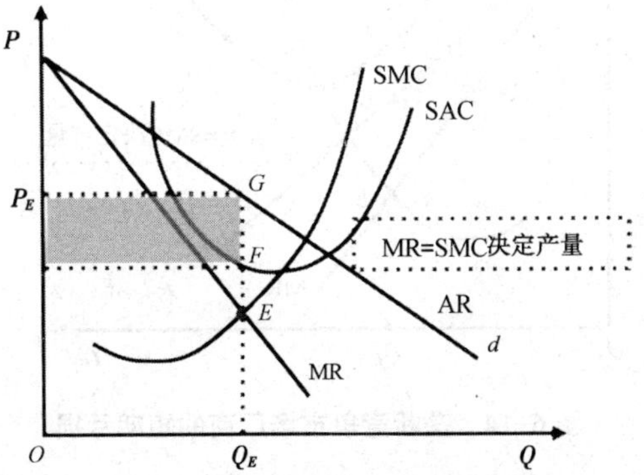

图 6-12　垄断竞争市场厂商的短期盈利

（二）零利润

如图 6-13 所示，市场对厂商的需求曲线 d 与 SAC 曲线相切，切点为 MR=SMC 的利润最大化的均衡点 E 决定的产量 Q_E 与平均收益线的交点 F。在均衡产量 Q_E 上，平均收益等于平均成本，厂商的经济利润为零。

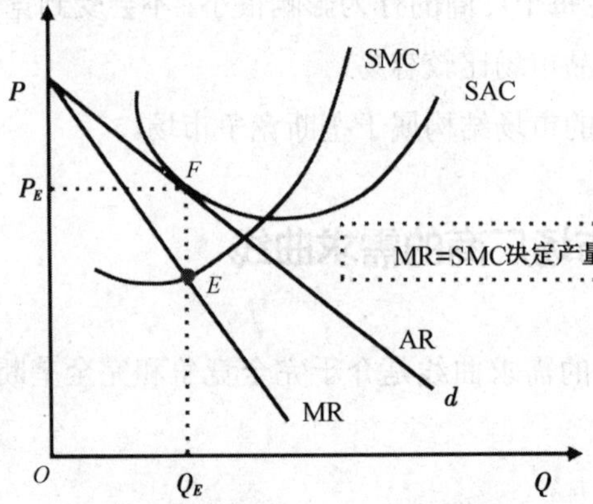

图 6-13　垄断竞争市场厂商的短期零利润

（三）亏损

如图 6-14 所示，根据 MR=SMC 的利润最大化的均衡条件，厂商利润最大化的均衡点为 MR 曲线和 SMC 曲线的交点 E，相应的均衡产量为 Q_E。在均衡产量 Q_E 上，平均收益为 GQ_E，平均成本为 FQ_E。由于平均收益小于平均成本，厂商亏损，亏损额等于图中阴影部分的面积。

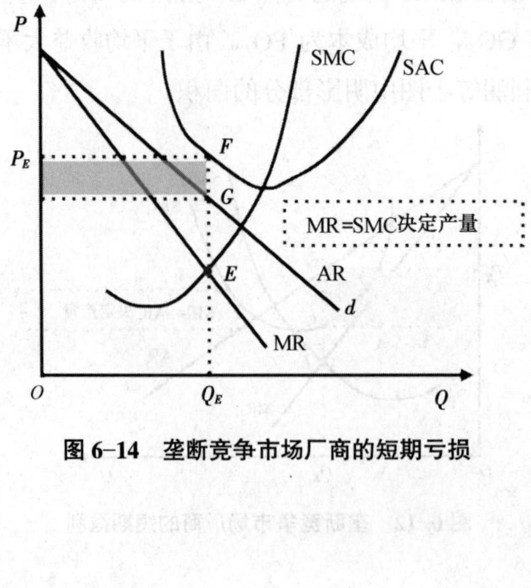

图 6-14　垄断竞争市场厂商的短期亏损

四、垄断竞争市场厂商的长期均衡

由于产品具有较高的替代性，某一家厂商具有超额利润只能是暂时的，从长期看来，竞争使厂商长期均衡的利润为零。

五、非价格竞争

垄断竞争厂商往往通过改进产品品质、精心设计商标和包装、改善售后服务以及进行广告宣传等手段，扩大产品的市场销售份额，这就是非价格竞争。

经济历史

西斯蒙第

西斯蒙第（1773—1842）出生于瑞士日内瓦法语区一个新教牧师家庭，该地区经济、政治状况同法国有密切联系。西斯蒙第曾在巴黎上大学，因经济困难，中途辍学后到里昂一家银行当职员。1792 年里昂爆发革命，他回到日内瓦，随后瑞士也爆发革命，他迁居英国，后来从英国回到瑞士，又迁居意大利。西斯蒙第在意大利开办农庄，经营农业，同时开始研究政治经济学。1800 年他重返日内瓦，从事政治活动。法国波旁王朝复辟后，他周游欧洲，再访英国，继续从事政治经济学和历史研究，先后出版了几部历史学巨著，成为当时著名的经济学家和历史学家。

西斯蒙第 1819 年出版的《政治经济学新原理或论财富同人口的关系》一书，最先提出消费先于生产的经济理论，否定供给决定需求的萨伊定律，提出需求决定供给。他在研究方法上强调经验归纳，强调对历史现象的分析和研究。

第五节　寡头垄断市场

案例分析

正和博弈

（根据三亿文库的相关资料整理）

电影《美丽心灵》有这样一个情节：烈日炎炎的一个下午，约翰·纳什教授给二十几个学生上课，教室窗外的楼下有几个工人正在施工，机器响声成了刺耳的噪声，于是约翰·纳什教授走到窗前把窗户关上。马上有同学提出意见："教授，请别关窗，实在太热了！"而约翰·纳什教授一脸严肃地说："课堂的安静比你舒服重要得多!"正当约翰·纳什教授在黑板上写公式之际，一位同学走到窗边打开窗子，对窗外的工人说道："打扰一下，我们有点小小的问题，关上窗户这里会很热；开着却太吵。我想能不能请你们先修别的地方，大约45分钟就好了。"正在干活的工人愉快地说："没问题！"他又回头对自己的伙伴们说："伙计们，让我们先休息一下吧!"于是，约翰·纳什教授对同学们说："你们会发现在多变的微积分中一个难题往往会有多种解答。"

这位同学对开窗难题的解答，使原本一个零和博弈变成了正和博弈：同学们既不必忍受室内的高温，教授也可以在安静的环境中讲课，结果不再是0，而是+2。零和博弈是一种不合作博弈，损人利己；而正和博弈是一种合作博弈，既利己又不损人。在处理问题时，一般不应采取不合作博弈，而应采取合作博弈，做到既利己又不损人才是最好的结果。

一、寡头垄断的特点

（1）一个行业只有几家大厂商，每一家厂商都占有很大份额。

（2）其他厂商进入市场相当困难。

（3）厂商之间存在明显的相互依赖性。

二、寡头垄断市场价格决定

寡头垄断市场价格决定方式分为不存在勾结或存在勾结两种情况。在不存在勾结情况下，价格决定方法是价格领先制和成本加成法；在存在勾结情况下，价格决定方法则是卡特尔。

（一）价格领先制

价格领先制是指一个行业的价格通常由某一寡头率先制定，其余寡头追随其后确定价格。

（二）成本加成法

成本加成法是寡头垄断市场最常用的定价方法。这种方法是在核定成本的基础上，加上一个百分比或预期利润额来确定价格。例如，某行业单位产品的平均成本为 100 元，利润率为 10%，则该行业产品价格定为 110 元。

（三）卡特尔

卡特尔是指几家寡头企业协调行动，共同确定价格，以使整个行业利润达到最大的垄断组织形式。由于卡特尔成员之间的矛盾，有时达成的协议很难兑现。

三、博弈论的运用

博弈论是研究人们在各种策略下如何行事。囚徒困境是博弈论中最经典例子之一。

囚徒困境讲的是两个囚徒作案后被警察抓住，隔离审讯。警察知道两人有罪，但缺乏足够证据。警察告诉每个人：如果两人都沉默，各判刑 1 年；如果两人都坦白，各判 8 年；如果两人中一个坦白而另一个沉默，坦白的放出去，沉默的判 10 年，如表 6–2 所示。

于是，每个囚徒都面临两种选择：坦白或沉默。然而，不管同伙选择什么，每个囚徒的最优选择都是坦白。因为在同伙坦白情况下，自己坦白判 8 年，自己沉默判 10 年，自己坦白比沉默好；在同伙沉默情况下，自己坦白能放出去，自己沉默判 1 年，自己还是坦白比沉默好。结果，两个囚徒都选择坦白，各判 8 年。囚徒困境反映了寡头之间卡特尔合作是困难的。

表 6-2 囚徒困境

囚徒 A	囚徒 B	
	坦白	沉默
坦白	（8，8）	（0，10）
沉默	（10，0）	（1，1）

经济历史

马克思

马克思（1818—1883）出生于德意志邦联普鲁士王国莱茵省特里尔城一个律师家庭，是马克思主义的创始人之一。他中学毕业后进入波恩大学，后转学到柏林大学学习法律，但他主要学习哲学和历史。1841 年马克思顺利获得耶拿大学哲学博士学位，毕业后担任《莱茵报》主编。

马克思在政治经济学上的贡献是完成鸿篇巨制《资本论》，书中理论均来自对古典经济学的继承和发展。在 20 多年中他阅读大量书籍，撰写大量读书笔记。他不仅阅读当时重要的政治经济学著作、经济史和货币银行等著作，还经常阅读与专门经济问题有关的自然科学著作。他搜集了大量经济资料，撰写了大量笔记和专论形式手稿。马克思读过和写过的笔记、摘录的图书在 1 500 部以上，他写的有关政治经济学札记、摘录、手稿、提纲、评论等笔记至少有 100 多册。他几乎是在十分艰苦、充满斗争的岁月里进行《资本论》写作。在经济学分析方式上，马克思强调要用辩证法分析和认识经济现象，运用抽象法研究和揭示经济现象的本质和规律，强调逻辑与历史过程的辩证统一。

第七章　收入分配理论

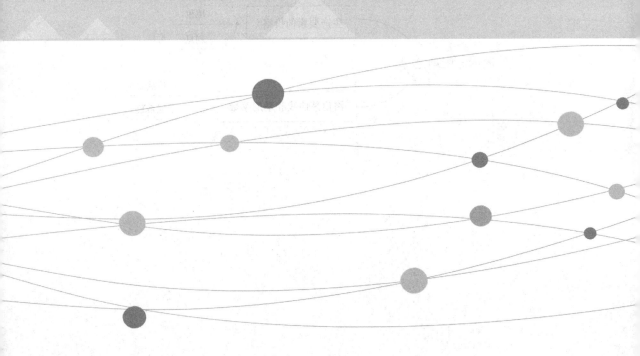

学习目标

知识目标：

1. 了解生产要素的种类。
2. 理解工资、地租、利息的决定。

能力目标：

能运用洛伦兹曲线和基尼系数衡量收入分配。

思维导图

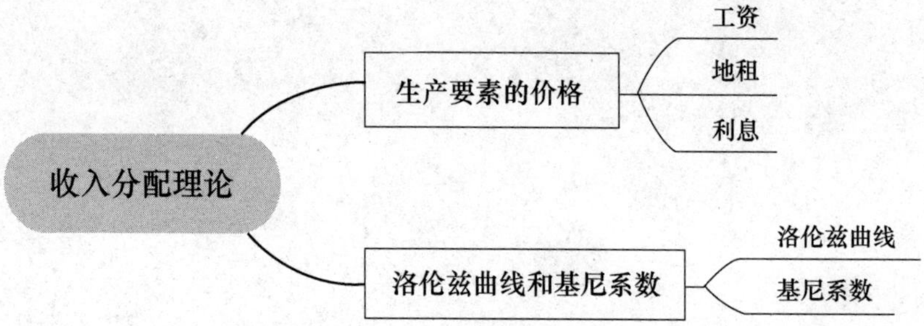

第一节　生产要素的价格

案例分析

最低工资

最低工资制度是国家以法律形式干预工资分配并保障低收入劳动者基本生活的制度，是政府调节经济活动、保障劳动者权益、促进社会公平的重要手段。最低工资可以用月薪制定，也可以用每小时的时薪制定，通常包含以下三部分：维持劳动者本人最低生活的费用，即对劳动者从事一般劳动消耗体力和脑力给予补偿的生活资料费用；劳动者平均赡养人口的最低生活费用；劳动者为满足一般社会劳动要求不断提高劳动标准和专业知识水平支出的必要费用。

最低工资制度最早诞生于 19 世纪末期的新西兰和澳大利亚。经过 100 多年的发展，至 2020 年全世界所有发达国家以及绝大部分发展中国家都已实行最低工资制度。中国借鉴国际经验于 1993 年引入最低工资制度并以地方政府主导，至 2004 年 11 月西藏自治区正式实行最低工资制度后，我国已全面推行了最低工资制度。

一、生产要素的种类

生产要素是厂商在生产中投入的要素，包括劳动、资本、土地、企业家才能等，如表 7–1 所示。

表 7–1　生产要素的种类

生产要素	收入形式	要素所有者
劳动	工资	劳动者
资本	利息	资本家
土地	地租	土地所有者
企业家才能	利润	企业家

二、生产要素的价格决定论

（一）边际生产力论

边际生产力论由美国经济学家 J. B.克拉克提出，是指在其他条件不变的前提下，生产要素的价格取决于其边际生产力，生产要素的边际生产力存在递减规律。

（二）均衡价格论

均衡价格论，是指生产要素的价格由其需求和供给共同决定。均衡价格论实际上是对边际生产力论的补充和完善。

三、生产要素需求的特点

（一）派生需求

派生需求也称引致需求，是指消费者对产品的需求导致厂商对生产要素的需求，如消费者购买面包引致面包厂商对烤箱的需求等。

（二）共同需求

共同需求，是指厂商对多种生产要素相互依赖的需求。人、机器、原材料的结合才能进行生产，生产要素需求的共同性决定对某种生产要素的需求，不仅取决于该要素自身价格，而且也受其他要素价格的影响。

四、工资

（一）劳动需求

劳动需求是厂商的劳动力需求，由劳动的边际生产力决定。劳动的需求量与工资是反方向变动关系。

（二）劳动供给

劳动供给是消费者对其时间资源的分配。消费者的既定时间资源可分为劳动时间和闲暇时间。闲暇时间包括除必需的睡眠时间和劳动供给之外的全部活动时间。闲暇时间与劳动时间之间的选择实质上是闲暇与收入之间的选择。

L 表示劳动力数量，W 表示工资，劳动供给曲线如图 7–1 所示。工资较低时，劳动供给随工资增加而增加；工资达到一定高度继续提高，劳动供给随工资增加而减少，即人们足够富足时，会珍惜闲暇，减少劳动供给。

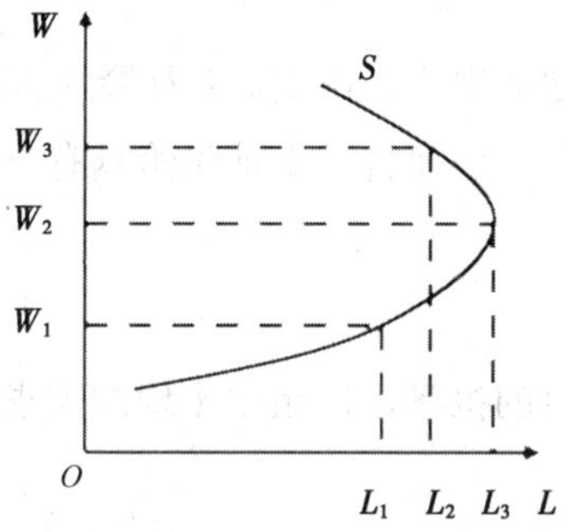

图 7–1　劳动供给曲线

（三）均衡工资的决定

如图 7–2 所示，劳动的需求和供给相交决定均衡工资。

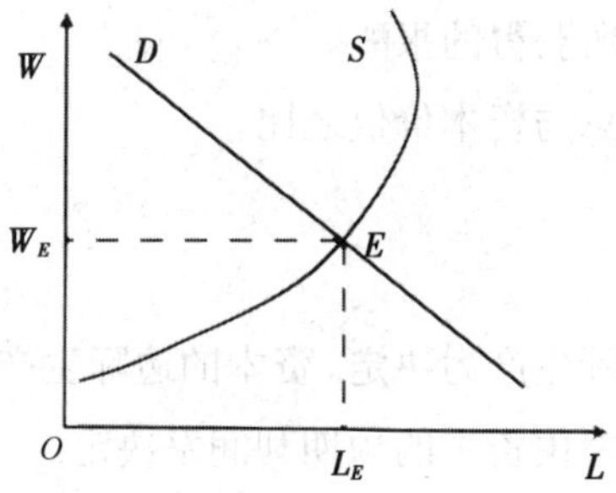

图 7–2　均衡工资的决定

五、地租

（一）土地交易及其价格

1. 土地源泉交易及其价格

土地源泉交易是土地所有权的转移，所形成的交易价格为土地价格。

2. 土地服务交易及其价格

土地服务交易是土地使用权的让渡，所形成的交易价格为地租。经济学主要研究土地服务市场及其价格。

（二）土地的需求与供给

土地的需求由土地的边际生产力决定。对社会而言，土地供给是既定的，无弹性，是一条垂线。但对单个厂商而言，土地供给具有一定弹性。

（三）地租的概念

地租是使用土地而支付的报酬，地租由土地的需求与供给相交决定。

六、利息

（一）资本市场和利息

资本市场是资本使用权转让的市场。
利息是提供资本服务所获得的报酬。
利息率（利率）是利息与资本价值之比。

（二）资本需求

资本需求由资本的边际生产力决定。资本的边际生产力决定了资本的预期利润率。厂商所能够接受的利率由资本的预期利润率决定。

（三）资本供给

资本供给的来源是居民储蓄。消费者收入在消费和储蓄之间分配，或在现期消费与远期消费之间选择。决定居民储蓄的因素包括居民收入、利率、消费习惯等。

（四）利率

同工资和地租一样，利率由资本的需求和供给相交决定。

经济历史

边际主义

19世纪70年代，古典经济学无法解释和有效解决一些严重的社会经济问题，欧洲出现了古典经济学之外的解决问题方案，其中之一便是边际主义。1871年奥地利的卡尔·门格尔和英国的杰文斯，分别出版了《国民经济学原理》《政治经济学理论》，1873年瑞士洛桑法国经济学家瓦尔拉斯出版了《纯粹经济学要义》，这三本书被后人公认为是边际主义的开山之作，他们三人则被公认为是边际主义的奠基人。

边际主义使经济学从古典经济学强调的生产、供给和成本，转向现代经济学关注的消费、需求和效用。边际主义用边际效用价值论代替劳动价值论，分析方法也从总量分析转向边际分析。边际效用价值论指出商品价值是人对物品效用的感觉和评价，效用随着人们消费某种商品的不断增加而递减，边际效用就是某物品一系列递减效用中最后一个单位所具有的效用，即最小效用，它是衡量商品价值量的尺度。它还提出了市场价格论，指出市场价格是在竞争条件下，买卖双方对物品的评价彼此均衡的结果。

第二节　洛伦兹曲线和基尼系数

案例分析

脱贫攻坚

党的二十大报告指出："我们经过接续奋斗，实现了小康这个中华民族的千年梦想，我国发展站在了更高历史起点上。我们坚持精准扶贫、尽锐出战，打赢了人类历史上规模最大的脱贫攻坚战，全国八百三十二个贫困县全部摘帽，近一亿农村贫困人口实现脱贫，九百六十多万贫困人口实现易地搬迁，历史性地解决了绝对贫困问题，为全球减贫事业作出了重大贡献。"

一个社会收入分配是否公平的重要衡量标准是洛伦兹曲线和基尼系数。

一、洛伦兹曲线

如图 7-3 所示，横轴表示人口累计百分比，纵轴表示收入累计百分比，直线 *OL* 为 45° 线，曲线 *ODL* 为洛伦兹曲线。洛伦兹曲线弯曲越大，收入分配越不平等。

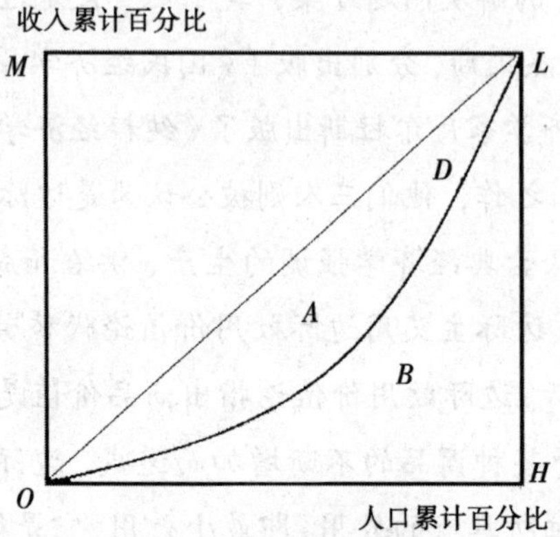

图 7-3 洛伦兹曲线

二、基尼系数

假设洛伦兹曲线与对角线所夹面积为 *A*，Δ*OHL* 面积为 *A*+*B*，则基尼系数：

$$G=\frac{A}{A+B}，0\leqslant G\leqslant 1$$

基尼系数越小，收入分配越平均；基尼系数越大，收入分配越不平均。国际上通常把 0.4 作为贫富差距的警戒线，大于这一数值容易出现社会动荡。

经济历史

马歇尔

马歇尔（1842—1924）出生于英克拉芬的一个中产家庭，是英国著名经济学家，进一步推进了边际效用原理。他早年热爱宗教和数学，在牛津大学接受教育，后进入剑桥大学深造数学，并留校任研究员，深受达尔文《物种起源》和斯宾塞

《第一原理》的影响。他在研究约翰·穆勒的《政治经济学原理》后，学术兴趣主要转向研究经济学，后来担任剑桥大学经济学教授。

马歇尔的代表作是 1890 年出版的《经济学原理》。马歇尔以边际效用论为基础，融合了各种新旧经济理论，建立了均衡价格论，认为供给和需求共同决定价值，具有折中主义综合理论体系的特点。他研究支配人经济行为的心理动机，运用达尔文进化论分析社会经济问题，提出了供求边际增量分析和供求弹性分析；综合各派经济学说，建立了局部均衡理论体系，较好地描述了微观经济生活中的各种现象，为当代西方微观经济学奠定了基础。

第八章　市场效率分析

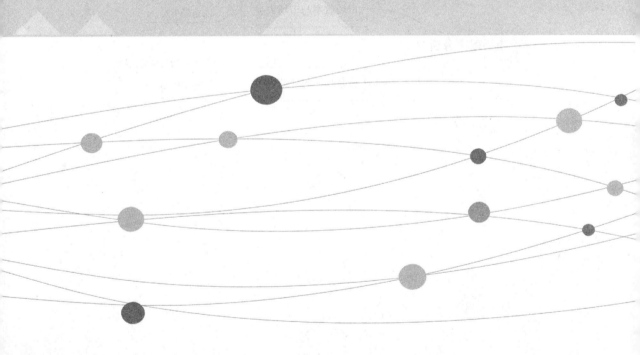

学习目标

知识目标：

1. 理解市场失灵的主要原因。
2. 了解公共物品与外部影响。

能力目标：

能分析解决外部影响的方式。

思维导图

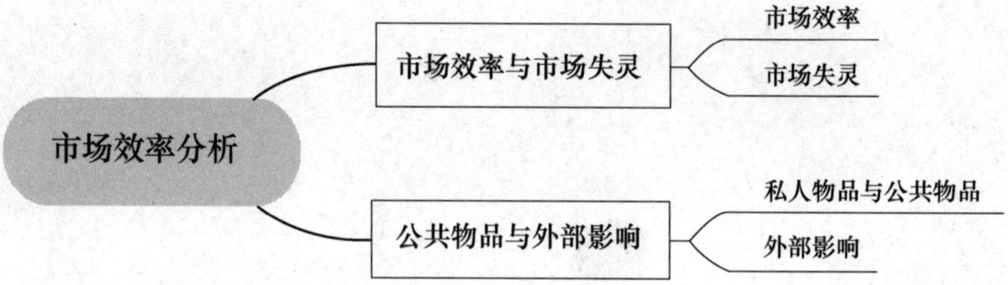

第一节　市场效率与市场失灵

案例分析

信息不对称

（根据宁牧达《20几岁必须要知道的经济学常识》的相关资料整理）

成语“金玉其外，败絮其中”讲的是古代有个卖柑子的人把存了一年的柑子拿到市场上去卖，由于他保存得很好，所以虽然柑子里面已经变质，但柑子外表看上去像黄金一样光泽鲜亮，买的人并不知道这些，于是纷纷出高价抢购。后来人们用这个成语形容商人卖的货物表里不一或人徒有其表。

在商品交易过程中，买者和卖者了解的信息不一样，卖者更了解商品的真实质量，双方存在信息不对称，卖者容易依仗买者对产品质量不了解欺骗买者。而现在，越来越多商家为了消除信息不对称对顾客造成的疑虑，增强顾客购买的信心，会主动向顾客展示商品的真实信息，主动证明自己产品的优良品质。

一、市场效率

通常用社会总剩余衡量社会经济福利，根据前面学过的消费者剩余和生产者剩余，则社会总剩余表示为：

$$\begin{aligned}\text{总剩余}&=\text{消费者剩余}+\text{生产者剩余}\\&=\text{支付意愿}-P_1Q_1+P_1Q_1-\text{生产成本}\\&=\text{支付意愿}-\text{生产成本}\end{aligned}$$

如图 8-1 所示，社会总剩余为需求曲线和供给曲线到均衡点之间的总面积。均衡时社会总剩余最大，即社会总福利最大，所以市场配置资源是有效率的。

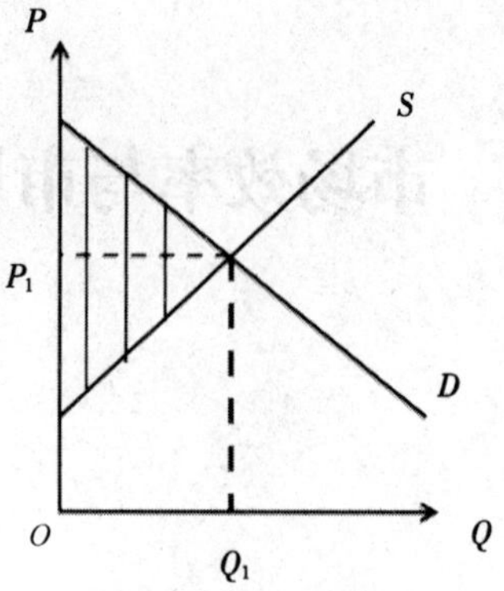

图 8-1　社会总剩余

二、市场失灵

（一）市场失灵的概念

市场失灵是指市场机制在某些场合无能为力，主要表现在两个方面：

（1）特定场合，无法实现社会资源的有效配置，如战乱时期。

（2）单纯效率，将会产生不能接受的分配结果，如贫富悬殊。

（二）市场失灵的主要原因

（1）市场垄断，影响资源配置效率。

（2）市场行为的外部性，会产生负面的外溢效果。

（3）市场机制不能保证公共物品供给。

（4）信息不对称，导致经济的不确定性和交易的不平等性。

（5）单纯效率的分配结果，带来人们对市场机制的抵制。

三、政府干预

市场失灵需要政府干预，政府干预的目标是效率兼顾公平，保持社会和谐有序。政府干预手段包括经济手段、法律手段和行政手段。

经济历史

帕累托最优

帕累托（1848—1923）是意大利统计学家，经济学数理学派的代表之一。他的最大贡献在于对生产理论和福利经济学的创新，他继承了瓦尔拉斯一般均衡理论，以此为基础提出衡量社会福利水平的一些概念，1893 年他担任瑞士洛桑大学教授。

帕累托最优就是以这位经济学家名字命名的，是微观经济学特别是福利经济学中常用的概念。帕累托发现在基本假定下，任何一个人在不损害他人福利的前提下无法再进一步改善自己的福利时，群体的资源配置就达到了最优，这一状态称为帕累托最优，即每个人的福利达到不损人利己下的最大化。如果一个人在不损害他人利益的同时能改善自己的处境，那么他就在资源配置方面实现了帕累托改进。帕累托最优是博弈论的重要概念，并且在经济学、工程学中得到广泛应用。

第二节　公共物品与外部影响

案例分析

搭便车行为

成语“滥竽充数”讲的是南郭先生不会吹竽，却混在乐队里装模作样，拿到跟其他乐师一样的报酬。后来齐宣王让乐师每人独奏，习惯搭便车的南郭先生只能逃之夭夭。

搭便车行为是指不承担任何成本而使用公共物品的行为，即在一个共同利益体中某人像南郭先生一样滥竽充数。搭便车理论是美国经济学家曼柯·奥尔逊于 1965 年在《集体行动的逻辑：公共利益和团体理论》一书中提出的，这种行为缘于公共物品生产和消费的非排他性和非竞争性，很大程度上与缺乏产权的清晰界定有关。搭便车的人多了，总体效率必然降低甚至损害集体利益。

一、私人物品与公共物品

（一）私人物品

私人物品，是指只能由一个人消费的物品或劳务，具有竞争性和排他性。

（二）公共物品

公共物品，是指由每个人消费但不排除其他人消费的物品或劳务，具有非竞争性和非排他性。

（三）搭便车与公共物品的政府供给

搭便车，是指某些人不购买而消费某种物品，如公共设施。私人物品不存在搭便车问题，但公共物品则会存在搭便车问题，所以公共物品需由政府通过征税供给。

二、外部影响

（一）外部影响的概念

外部影响分为外部经济和外部不经济。外部经济，是指对他人产生有利影响但没有得到补偿的经济活动，如环保投入；外部不经济，是指对他人产生不利影响但没有支付成本的经济活动，如环境污染。

尽管每一个生产者或消费者造成的外部经济或外部不经济对整个社会微不足道，但所有这些消费者和生产者加总起来，造成的外部经济或不经济的总后果是巨大的。

（二）政府解决外部影响的方式

1. 津贴和税收

对带来外部经济的企业，国家可以采取给予津贴的办法，使企业的私人利益与社会利益相等。

对造成外部不经济的企业，国家可以对其征税，税额等于该企业给社会其他成员造成的损失（即外部成本），使该企业的私人成本等于社会成本。

2. 企业合并

假设第一个企业对第二个企业造成污染，如把两个企业合并为一个企业，则外部影响被“内部化”，合并后的企业为了自己的利益将解决污染问题。

3. 规定财产权

许多情况下，外部影响导致资源配置失当是由于财产权不明确。如果财产权完全确定并得到充分保障，有些外部影响就不会发生。

（三）科斯定理

由于各国普遍存在难以解决的外部影响问题，近几年，有些产权经济学者认为，外部影响之所以产生，关键在于产权界定不清晰和不充分，可以通过界定产权来消除外部影响。

科斯定理，是指如果产权得到明确界定，并且协商或谈判活动发生的交易成本很小，那么在有外部影响的市场上，无论所涉及资源的产权属于哪一方，交易双方总能通过协商谈判达到资源的有效率配置。

经济历史

庇　古

庇古（1877—1959）出生于英国一个军人家庭，是马歇尔的学生，英国著名经济学家，其学术贡献主要集中在福利经济学领域。他青年时代进入剑桥大学学习历史，后受马歇尔的鼓励研究经济学，在剑桥大学担任经济学教授长达 35 年。

庇古的代表作是 1920 年出版的《福利经济学》，该书系统论述了福利的概念及政策应用，建立了福利经济学的理论体系，庇古因此被誉为福利经济学之父。他强调国民收入总量越大，社会经济福利就越大，国民收入分配越均等，社会经济福利就越大，即经济福利取决于国民收入的数量和国民收入在社会成员间的分配情况。庇古提出对环境污染者课以补偿性税收，即庇古税，后来被广泛应用于环境保护和气候变化应对中，成为解决温室气体排放的主流思想。

第九章　宏观经济指标

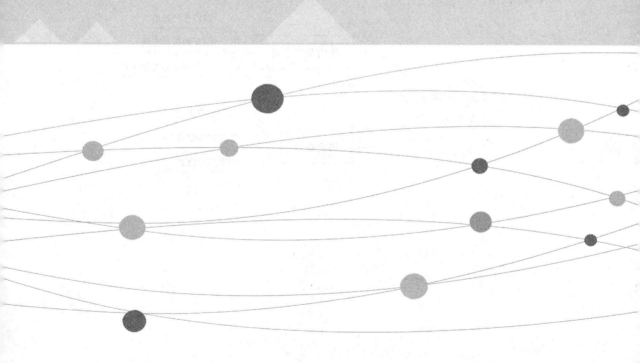

学习目标

知识目标：

1. 熟悉国内生产总值及核算方法。
2. 了解消费价格指数。

能力目标：

1. 能查找我国国内生产总值。
2. 能计算消费价格指数。

思维导图

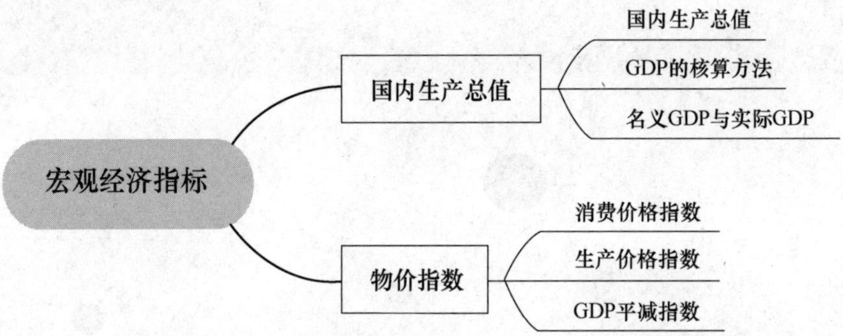

第一节 国内生产总值

案例分析

国内生产总值

（根据《人民日报》的相关资料整理）

国内生产总值（GDP）是国民经济核算的核心指标，是衡量一国经济发展和人民生活富裕程度的重要指标，为人们了解、评判和预测经济运行总趋势提供关键信息。GDP 准确记录了特定地理范围内的绝大部分经济活动，成为诊断经济总趋热的关键指标，就像灯塔一样，指引政策制定者判断经济冷热、决定政策取向，帮助企业分析市场机遇和挑战，做出有利的商业决策。

GDP 指标也有不足，如它不能准确反映经济活动的质量和效益、不能准确反映经济结构、不能准确反映社会分配和民生改善、不能准确反映经济增长对资源环境造成的负面影响等。GDP 计算的是经济增长，而发展除了经济增长，还包括经济结构优化、质量效益提升、社会福利改善等。尽管如此，与其他经济指标相比，GDP 在衡量经济总量方面更为科学、完整、系统。

一、国内生产总值

国内生产总值（gross domestic product，GDP），是指一国或一地区在一定时期内运用生产要素所生产的全部最终产品（物品和劳务）的市场价值总和。

GDP 以国土为统计原则。只要产品在一国国内生产，无论生产者国籍是本国还是外国，都包括在该国 GDP 之中。国民生产总值（GNP）是一国国民在一定时期内运用生产要素所生产的全部最终产品（物品和劳务）的市场价值，它以国民为统计原则，包括本国公民在国内和国外生产的最终产品价值，不包括外国人在本国生产的最终产品价值。

GDP 是市场价值，即全部最终产品的价格乘以产量之和。

GDP 衡量最终产品的市场价值总和。中间产品用于再出售生产别的产品，其价值已作为成本包含在最终产品价值中，因此计算GDP只计算最终产品的市场价值。

GDP衡量一定时期生产而非销售的最终产品的价值。例如，一个企业生产100万元最终产品，只卖掉90万元产品，计入GDP的是100万元，所剩10万元看作存货投资；如果该企业生产100万元最终产品，卖掉120万元产品，计入GDP的仍是100万元，只是库存减少了20万元。

GDP 指市场活动导致的价值。家务劳动、自给自足生产等非市场活动不计入GDP。

GDP 是衡量一个国家或地区经济状况和发展水平的重要指标，在宏观经济学中，除非特别加以标明，国民收入指的是国内生产总值。

二、GDP的核算方法

1. 支出法

根据产出等于支出，GDP包括消费支出（C）、投资支出（I）、政府购买（G）、净出口（出口减进口，$X-M$），所以 $GDP=C+I+G+(X-M)$。以我国 2016—2020年GDP为例，支出法GDP及构成（政府购买被分解为消费和投资）见表9-1。

表9-1　支出法GDP及构成（政府购买被分解为消费和投资）

年份	GDP/亿元	最终消费支出/亿元		资本形成总额/亿元		货物和服务净出口/亿元	
	合计	居民消费支出	政府消费支出	固定资本形成总额	存货变动	出口	进口
2016	745 981	288 668	122 138	310 145	8 054	146 177	129 201
2017	828 983	320 690	135 829	348 300	9 586	163 847	149 268
2018	915 774	354 124	152 011	393 848	8 737	175 694	168 640
2019	990 708	387 188	165 444	422 451	4 227	182 470	171 072
2020	1 025 917	387 176	169 810	435 683	6 718	188 805	162 275

资料来源：《中国统计年鉴（2021年）》。

2. 收入法

根据产出等于收入，GDP=工资+利息+租金+利润+间接税+企业转移支付+折旧。

三、名义 GDP 与实际 GDP

名义 GDP 是用生产物品和劳务的当年价格计算的全部最终产品的市场价值。

实际 GDP 是用从前某一年作为基期价格计算的全部最终产品的市场价值。实际 GDP 是为了剔除价格影响，真实反映一国实际产出（生产能力）的变化。实际 GDP 作为衡量经济福利指标优于名义 GDP。

在表 9–2 中，假设某国最终产品以香蕉和服装为代表，则以 2006 年价格计算的 2016 年的实际国内生产总值是 260 万美元。

表 9–2　名义 GDP 与实际 GDP

	2006 年名义 GDP	2016 年名义 GDP	2016 年实际 GDP
香蕉	1 美元×15 万单位 = 15 万美元	1.5 美元×20 万单位 = 30 万美元	1 美元×20 万单位 = 20 万美元
服装	40 美元×5 万单位 = 200 万美元	50 美元×6 万单位 = 300 万美元	40 美元×6 万单位 = 240 万美元
合计	215 万美元	330 万美元	260 万美元

200—2016 年，GDP 名义上从 215 万美元增加到 330 万美元，实际只增加到 260 万美元，即扣除物价变动因素，GDP 只增长了 20.9%[（260−215）/ 215=20.9%]，而名义上却增长了 53.5% [（330−215）/215=53.5%]。

如果不作特殊说明，以后各章所讲的产出都是指实际 GDP，以英文小写字母表示实际 GDP 及其他变量，如用 *y*、*c*、*i*、*g* 分别表示实际收入、消费、投资和政府支出。

经济历史

凯恩斯主义

第一次世界大战之后，英国经济在经历短暂的繁荣之后陷入了长达 10 多年的经济萧条，失业率高涨；同时，以 1929 年 10 月美国纽约股市崩盘为导火索的世界经济大衰退拉开帷幕。作为当时世界上最发达的两个国家——英国和美国，都面临严峻的经济灾难：失业率高涨、生产严重过剩、数量庞大的企业倒闭或破产、产出大幅下降。在传统自由放任经济政策束手无策的背景下，凯恩斯主义应运而生。

凯恩斯主义是以英国经济学家凯恩斯的名字命名。这一理论以凯恩斯的著作《就业、利息和货币通论》为基础，旨在通过政府对经济社会活动的必要干预，扩大总需求，消除生产过剩与失业危机，实现充分就业，稳定经济。它主张在经济衰退时期，政府采用扩张性经济政策，即政府通过增加公共支出和减税等措施刺激总需求，促进经济增长。凯恩斯的这些观点，构成现代宏观经济学的基础，在大萧条时期为众多国家采纳，对第二次世界大战后的经济政策产生深远影响。

第二节　物价指数

案例分析

衡量人民贫富的重要标尺：人均可支配收入

（根据赵文锴《每天学点经济学》的相关资料整理）

新中国成立初期，拥有一辆小汽车对普通市民而言是遥不可及的梦想，甚至被视为不切实际的幻想。然而随着时代变迁，这一梦想已逐渐变为现实，私家车不再是奢侈品，而是许多家庭日常出行的一部分。这一巨大变化背后，是人民收入水平的飞跃式增长。从新中国成立初期的微薄收入到如今城市居民人均可支配收入大幅提高，农村居民收入也实现数十倍增长。这种经济繁荣直接促进了消费水平的提升，使曾经被视为奢侈品的汽车、电脑、住房等商品逐渐普及，成为新时代“三大件”的代表。

多轮“三大件”更替，不仅反映了消费观念的转变和科技的进步，更深层次地体现了国家经济实力的增强和人民生活质量的提升。如今中国人民已经告别物质匮乏的时代，迎来更加富裕多彩的生活，这一切都得益于改革开放以来的政策红利和全体人民的共同努力。

一、消费价格指数

1. 消费价格指数的概念

消费价格指数（consumer price index，CPI）又称生活费用价格指数，是指通过计算居民日常消费的生活用品和劳务的价格水平变动而得到的价格指数。公式为

$$\text{CPI}=\frac{\text{现期价格总额}}{\text{基期价格总额}}\times 100\%$$

2. 消费价格指数的计算方法

（1）固定篮子，确定权数，确定哪些物价对消费者最重要，并根据重要性确定权数。

（2）找出价格。

（3）计算这一篮子东西的费用。

（4）选择基期并计算指数。

假设一篮子商品是 2 kg 大米和 1 kg 鸡蛋，两种商品在 2010 年（基期）和 2021 年（现期）的价格见表 9–3。

表 9–3　一篮子商品举例

商品	权重	2010 年价格（基期）	2021 年价格（现期）
大米	2 kg	2 元/kg	3 元/kg
鸡蛋	1 kg	4 元/kg	8 元/kg

基期价格总额 =2×2+4×1=8（元）

现期价格总额 =3×2+8×1=14（元）

2010 年消费价格指数 =（8/8）×100%=100%

2021 年消费价格指数 =（14/8）×100%=175%

说明从 2010 年到 2021 年，消费物价水平上升了 75%。

二、生产价格指数

生产价格指数，是指通过计算生产者在生产过程中所有阶段所获得产品的价格

水平变动而得到的指数，这些产品包括制成品和原材料。

三、GDP 平减指数

$$\text{GDP 平减指数}=\frac{\text{名义GDP}}{\text{实际GDP}}$$

GDP 平减指数用于修正名义 GDP 数值，从中去掉通货膨胀因素，统计计算对象包括所有计入 GDP 的最终产品和劳务。

以表 9–2 为例，2016 年 GDP 平减指数 =（330/260）×100%=126.9%，说明从 2006 年到 2016 年该国物价水平上升了 26.9%。

经济历史

罗斯福新政

凯恩斯主义的序曲是罗斯福新政。罗斯福（1882—1945）出生于美国纽约州海德公园。他从小随家庭教师学习拉丁语、法语、德语、书法、算术和欧洲历史。1896 年罗斯福进入以培养政界人物为目标的格罗顿学校，他读书多，见识广，酷爱体育。1900 年罗斯福进入哈佛大学，攻读政治学、历史学和新闻学。1904 年罗斯福进入哥伦比亚法学院，毕业后任律师事务所律师，1910 年进入政界。

1933 年初在资本主义经济大危机中，罗斯福接任美国总统，要求国会授予紧急特权，实行新政。新政主要包括整顿银行与金融系统、复兴工业、调整农业政策、以工代赈兴建公共工程、建立社会保障体系、建立急救济署，尤其是以工代赈修建大批工程项目，如田纳西河流域工程，不仅大大缓解失业，刺激经济复苏，而且许多基础设施使美国经济受益无穷。新政在相当程度上摆脱传统自由放任的经济政策，增加政府对经济的干预，大大缓解了经济危机与社会矛盾。

第十章　国民收入决定

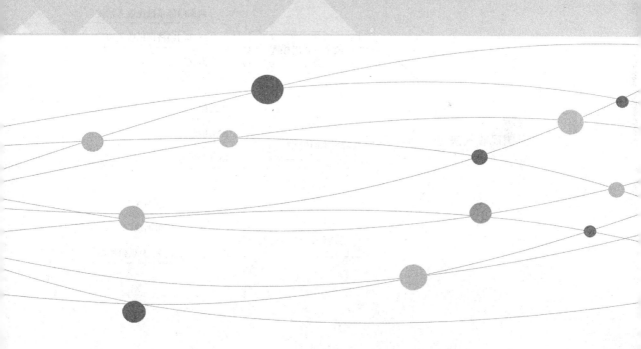

学习目标

知识目标：

1. 熟悉消费函数、储蓄函数。
2. 理解货币需求和货币供给。
3. 理解总需求曲线、总供给曲线。

能力目标：

能运用总需求–总供给模型分析国民收入决定。

思维导图

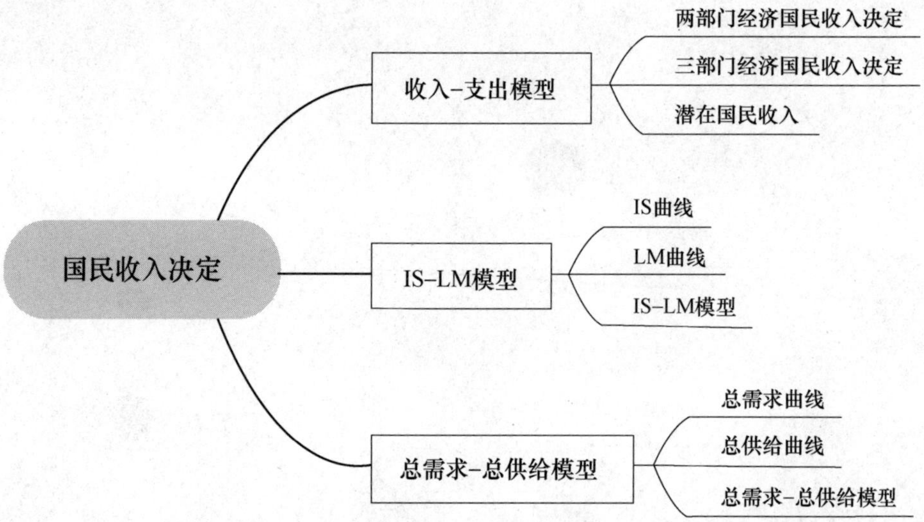

第一节　收入-支出模型

案例分析

农村电商

（根据《重庆日报》的相关资料整理）

电商正逐渐成为拉动内需、刺激消费的重要载体，农村电商是转变农业发展方式的重要手段，有利于促进消费、扩大内需，有利于推动农业升级、农村发展、农民增收。农村电商可充分挖掘农村消费潜力，成为拉动消费的新增长点。

调查研究发现，农村电商产品种类较少，同质化商品多，卖家之间差异化程度小，缺乏品牌效应。为更好地促进农村电商发展，要完善农村电子商务标准，逐步提高农产品标准化水平；要培育农业龙头企业，逐步提高农产品品牌竞争力；要做好企业与市场、企业与农户的连接，加快推进农产品产业化经营，提高产业聚集，形成规模效应；要建设完善的农产品电子商务配送物流体系，严格执行农产品绿色通道政策，保证鲜活农产品运输畅通。

收入–支出模型只考虑产品市场均衡时国民收入决定。

一、两部门经济国民收入决定

两部门经济只有居民和企业，从支出角度，国民收入由居民消费和企业投资构成，即 $y=c+i$；从收入角度，国民收入由消费和储蓄构成，即 $y=c+s$；所以产品市场均衡时 $i=s$。

消费函数为 $c=\alpha+\beta y$（α、$\beta>0$），α 是自发消费，β 是收入对消费的影响系数，βy 是引致消费。

储蓄函数为

$$s=y-c=-\alpha+(1-\beta)y$$

均衡国民收入为

$$y=c+i=\alpha+\beta y+i$$

$$y=\frac{\alpha+i}{1-\beta}$$

二、三部门经济国民收入决定

三部门经济包括居民、企业和政府，国民收入由消费、投资和政府购买构成，即 $y=c+i+g$。

在有政府部门的情况下，消费取决于可支配收入，可支配收入（y_d）等于国民收入减去税收（t）加上政府转移支付（tr），即 $y_d=y-t+tr$。

消费函数为

$$c=\alpha+\beta y_d=\alpha+\beta(y-t+tr)$$

均衡国民收入为

$$y=c+i+g=\alpha+\beta(y-t+tr)+i+g$$

$$y=\frac{1}{1-\beta}(\alpha+i+g-\beta t+\beta tr)$$

现实中国民收入由消费、投资、政府购买、净出口构成，政府购买最终会被分解为消费和投资，所以消费、投资和净出口被称为拉动我国经济增长的“三驾马车”。

三、潜在国民收入

潜在国民收入是指充分就业状态下的国民收入，是指利用社会上一切可利用的经济资源（劳动、资本、土地等）所能生产的产品和劳务的最大值。

经济历史

凯恩斯

凯恩斯（1883—1946）出生于英国剑桥，是英国著名经济学家。他 14 岁以奖学金进入伊顿公学，主修数学。毕业后以数学及古典文学奖学金进入剑桥大学国王学院，1905 年获剑桥文学硕士学位，后来师从马歇尔和庇古攻读经济学。他曾入职政界，后重返剑桥大学执教，潜心研究经济学问题。凯恩斯过着俭朴的生活，但在购买书画、支持慈善事业方面毫不吝啬，也对患难之友慷慨解囊。

1936 年凯恩斯出版了《就业、利息和货币通论》，成为西方经济学的经典著作。《就业、利息和货币通论》的核心是有效需求理论。凯恩斯认为危机和失业主要因为私人投资和消费不足造成有效需求不足，所以政府应扩大公共工程投资，增加货币供应量，刺激国民经济活动，从而增加国民收入，实现充分就业。经济学者认为，马克思的著作是对资本主义的尖锐批评，而凯恩斯的著作是摒弃自由放任的基础。

第二节　IS-LM 模型

案例分析

中国 1987—1989 年通货膨胀

（根据高鸿业《西方经济学》的相关资料整理）

1987—1988 年我国经济快速扩张，这一时期物价指数也在前一期经济增长带动下不断上升，1988 年物价指数创造了新中国成立以来物价上涨的最高纪录。物价上涨引发了商品抢购风潮，银行也发生挤兑储蓄存款现象，我国整体经济形势严峻。在冲击面前，政府决定进行全面整顿，严格控制社会固定资产投资规模。随着我国宏观经济紧缩，市场上产品销量下降，治理通货膨胀取得一定效果，但市场疲软，经济增长受到严重阻碍，国民经济发生了“硬着陆”。

IS-LM 模型考虑产品市场和货币市场同时均衡时的国民收入决定。

一、IS 曲线

以两部门经济为例。

（一）投资函数

投资是利率的减函数，利率上升，投资减少；利率下降，投资增加。投资函数可表示为 $i=e-dr$（e、$d>0$），e 为自发投资，d 为利率对投资的影响系数。

（二）IS 曲线

IS 曲线是表示产品市场均衡时利率与国民收入之间关系的曲线。两部门经济中产品市场均衡时投资等于储蓄，即

$$i=s$$

$$e-dr=-\alpha+(1-\beta)y$$

IS 曲线为

$$r=\frac{\alpha+e}{d}-\frac{1-\beta}{d}y$$

IS 曲线如图 10-1 所示。

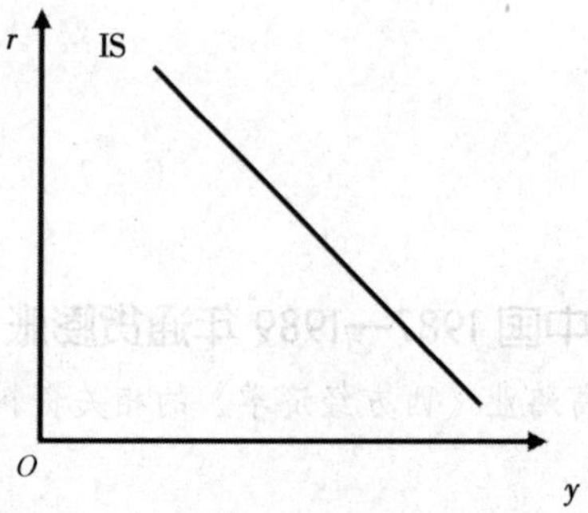

图 10-1　IS 曲线

二、LM 曲线

（一）货币需求

人们需要货币的动机主要有三种：

（1）交易动机货币需求（L_1），主要是用于日常购买交易而持有的货币。

（2）预防动机货币需求（L_2），主要是用于预防意外事件而持有的货币。交易动机货币需求和预防动机货币需求与国民收入成正比，即

$$L_1+L_2=ky\ （k>0，y\ 为实际国民收入）$$

（3）投机动机货币需求（L_3），主要是用于购买债券盈利而持有的货币。

$$债券价格=\frac{固定年息}{年利率}$$

根据公式，利率与债券价格呈反向变动。

投机动机货币需求量与利率成反比。因为利率高，债券价格便宜，人们买进债券，支付货币，手中持有的投机动机货币数量变小；利率低，债券价格高，人们卖出债券，得到货币，手中持有的投机动机货币数量变大。用公式表示为

$$L_3=-hr\ (h>0)$$

所以，货币需求（L）可表示为

$$L=L_1+L_2+L_3=ky-hr$$

（二）货币供给

1. 货币供给

货币供给由中央银行直接控制，与利率无关。货币供给包括：

$$M_1=\text{硬币}+\text{纸币}+\text{活期存款}$$

$$M_2=M_1+\text{定期存款}$$

$$M_3=M_2+\text{个人和企业持有的政府债券}$$

M_1 货币流动性最高，下面所讲的货币供给指 M_1。

2. 中央银行与商业银行

中央银行是国家行政机关，负责货币发行、货币政策制定、金融监管等，是国家中居主导地位的金融中心机构，也是国家干预和调控国民经济发展的重要工具。我国的中央银行为中国人民银行，简称央行。

商业银行是企业，以盈利为目的，受中央银行监管，其主要业务是吸收公众存款、发放贷款等。

3. 名义货币供给与实际货币供给

实际货币供给（m）等于名义货币供给（M）除以物价水平，即

$$m=\frac{M}{P}$$

（三）均衡利率

货币需求与货币供给相交决定均衡利率，如图 10–2 所示。

货币供给增加，货币供给曲线向右移动，利率下降；货币需求增加，货币需求曲线向右移动，利率上升。

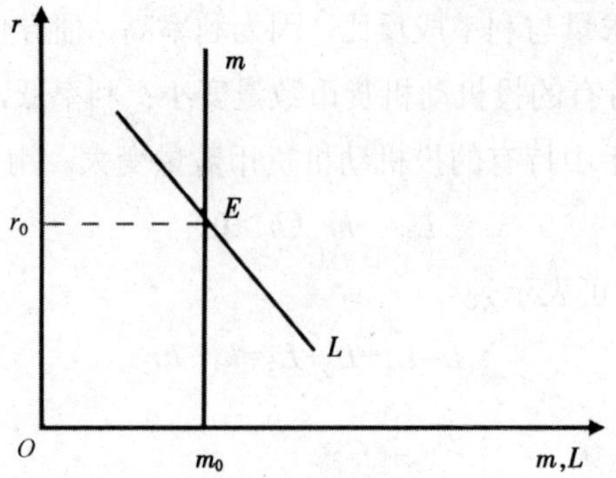

图 10-2　均衡利率

（四）LM 曲线

LM 曲线是表示货币市场均衡时利率与国民收入之间关系的曲线。货币市场均衡时货币需求等于货币供给，即

$$L=m$$

$$ky-hr=m$$

LM 曲线为

$$r=\frac{ky}{h}-\frac{m}{h}$$

LM 曲线如图 10-3 所示。

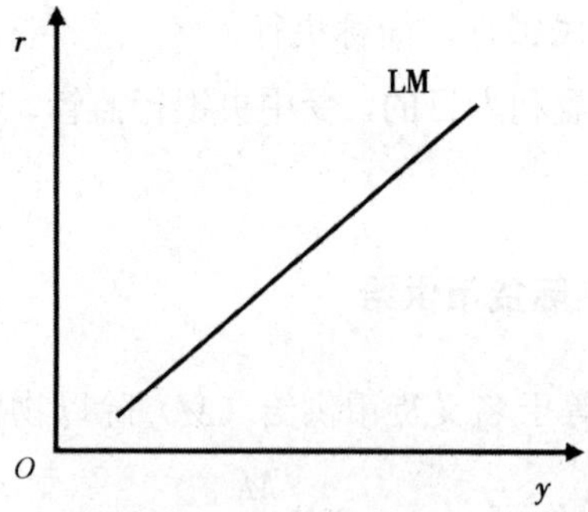

图 10-3　LM 曲线

三、IS-LM 模型的概念

产品市场和货币市场同时均衡时，IS 曲线和 LM 曲线相交共同决定均衡国民收入为 y_0，均衡利率为 r_0，如图 10-4 所示。

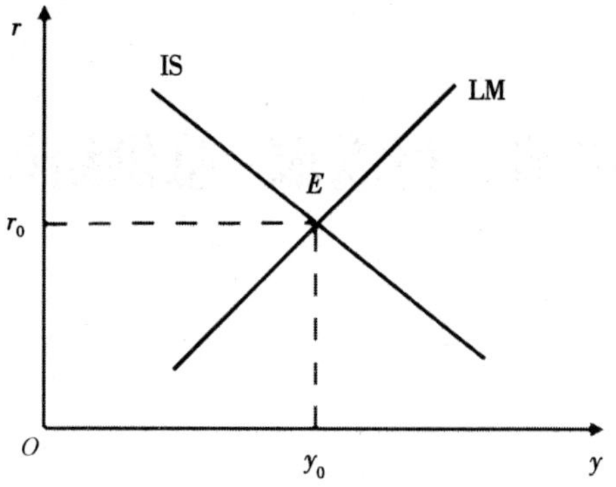

图 10–4 IS–LM 模型

经济历史

效率与公平

罗尔斯（1921—2002）出生于美国马里兰州巴尔的摩，是美国当代著名哲学家、伦理学家。他 1943 年毕业于普林斯顿大学，1950 年获该校博士学位。先后在普林斯顿大学、康奈尔大学、麻省理工学院和哈佛大学任教。

《正义论》是罗尔斯有关正义的最系统论述，他着重分析社会制度的正义。罗尔斯曾讲过一个分蛋糕的故事：几个人要求分一个蛋糕，假定公平划分是人人平等的一份，那么什么样的程序将给出这一结果呢？明显的方法是让某一个人划分蛋糕并得到最后一份，其他人都被允许在他之前拿蛋糕。他将平等地划分蛋糕，因为这样他才能确保自己得到可能有的最大一份。这个故事告诉我们，收入分配涉及效率与公平，既包括如何把蛋糕做大，又包括如何使蛋糕分得平等，从而有利于经济发展和社会稳定。

第三节 总需求-总供给模型

案例分析

经济滞涨

（根据高鸿业《西方经济学》的相关资料整理）

根据宏观经济学总需求-总供给模型可知，当经济总供给遭受不利的供给冲击时经济会出现滞胀状态，即经济停滞（失业率上升）和通货膨胀（通货膨胀率上升）同时并存。美国经济在20世70年代就经历了这一状态。

经济学家提出造成滞胀主要有两个原因：一方面，石油危机造成石油供给减少和石油价格上涨，粮食紧缺也造成粮食价格上涨，这些情况导致生产成本上升，经济停滞；另一方面，中央银行容许货币供应过度增长，导致通货膨胀。经济滞涨导致工业生产长期下降，大量企业倒闭，失业率攀升以及通货膨胀持续上升。

总需求-总供给模型考虑产品市场、货币市场和要素市场同时均衡时国民收入决定。

一、总需求曲线

总需求（AD）由消费需求、投资需求、政府需求和国外需求构成，通常以国民收入来表示。

总需求曲线是表示总需求与价格水平之间关系的曲线。社会总需求与价格水平呈反方向变动，即价格水平越高，总需求量越小；价格水平越低，总需求量越大，所以，总需求曲线向右下方倾斜，如图 10-5 所示。

总需求曲线向右下方倾斜的原因：

（1）物价水平下降，消费需求增加，总需求增加。

（2）物价水平下降，货币需求下降，利率下降，投资增加，总需求增加。

（3）本国物价水平下降，外国物价水平相对上升，以国内物品替代国外物品，进口减少，净出口增加，本国总需求增加。

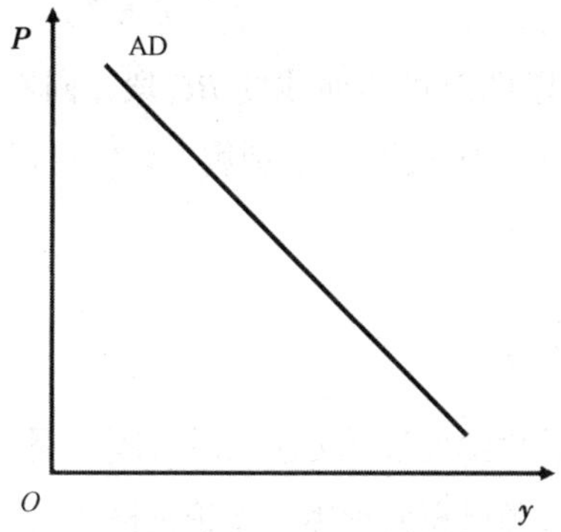

图 10-5　总需求曲线

二、总供给曲线

总供给（AS）是经济社会所提供的总产出，通常以国民收入来表示。

总供给曲线是表示总供给与价格水平之间关系的曲线。在不同资源利用情况下，总供给与价格水平之间的关系是不同的，如图 10-6 所示。

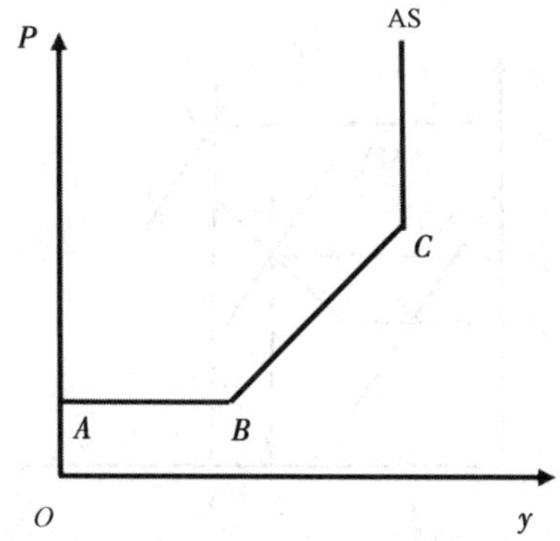

图 10-6　总供给曲线

1. 资源未充分利用阶段

资源未充分利用阶段即总供给曲线的 *AB* 段，与横轴平行，表明总供给增加而价格水平不变。此时经济运行一般处于萧条时期，社会存在大量闲置资源，所以总供给增加而价格水平不变。

2. 资源接近充分利用阶段

资源接近充分利用阶段即总供给曲线的 *BC* 段，向右上方倾斜，表明总供给与价格水平同方向变动。此时资源接近充分利用，总供给增加会引起生产要素价格上升，成本增加，价格水平上升。

3. 资源充分利用阶段

资源充分利用阶段即总供给曲线的 *C* 点以上部分，是一条垂线，表明总供给是固定值，与价格无关。此时资源已充分利用，无论价格如何上升，总供给也不会增加。

三、总需求-总供给模型的概念

总需求曲线和总供给曲线相交共同决定均衡国民收入和价格水平。

如图 10–7 所示，在资源未充分利用阶段，总需求曲线与总供给曲线相交决定均衡国民收入为 y_1，均衡价格水平为 P_1；在资源接近充分利用阶段，总需求曲线与总供给曲线相交决定均衡国民收入为 y_2，均衡价格水平为 P_2；在资源充分利用阶段，总需求曲线与总供给曲线相交决定均衡国民收入为 y_3，均衡价格水平为 P_3。

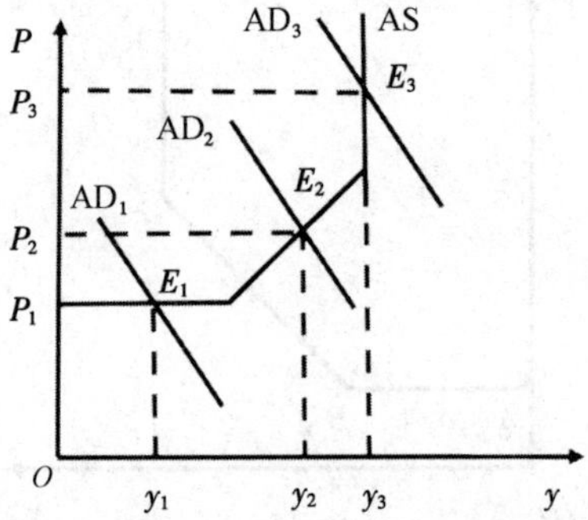

图 10–7　总需求-总供给模型

经济历史

萨缪尔森

萨缪尔森（1915—2009）是美国的凯恩斯主义者，美国当代著名经济学家。他出生于美国印第安纳州加里市一个波兰裔家庭，17 岁进入芝加哥大学学习，1936 年获得哈佛大学文学硕士学位，1941 年获得哈佛大学哲学博士学位，同年受聘美国资源计划局工作。从 1940 年起萨缪尔森任教于麻省理工学院，始终未见异思迁。他担任过政府职务，1970 年获诺贝尔经济学奖。受导师汉森的影响，他们成为凯恩斯主义在美国的代表和权威。

1948 年秋萨缪尔森发表了他最有影响的巨著《经济学》，成为世界各地经济学专业的首选教科书和重要的理论指南。这本书把马歇尔的个量分析（微观如单个消费者、单个厂商）和凯恩斯的总量分析（宏观如国民收入、消费、投资）结合起来，内容和形式安排匠心独具，像一部颇具文学色彩的通史。萨缪尔森幽默、精彩而风趣的写作风格体现了一位献身科学的导师在对待概念时一丝不苟的严谨态度。他认为支持整个经济学的还是一些基本概念，这些概念绝不会随时间的推移而减少自身的重要性。

第十一章　失业与通货膨胀

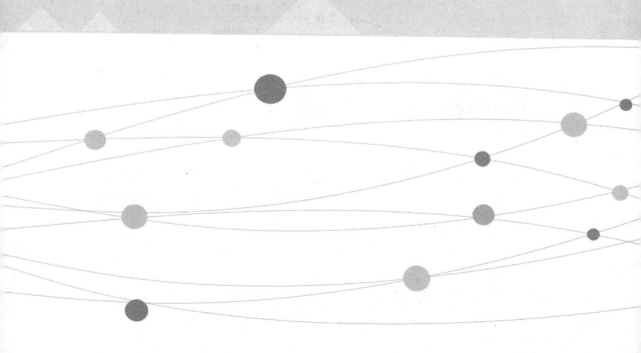

学习目标

知识目标：

1. 理解失业的原因。
2. 理解通货膨胀的原因。

能力目标：

能运用失业理论和通货膨胀理论分析宏观经济问题。

思维导图

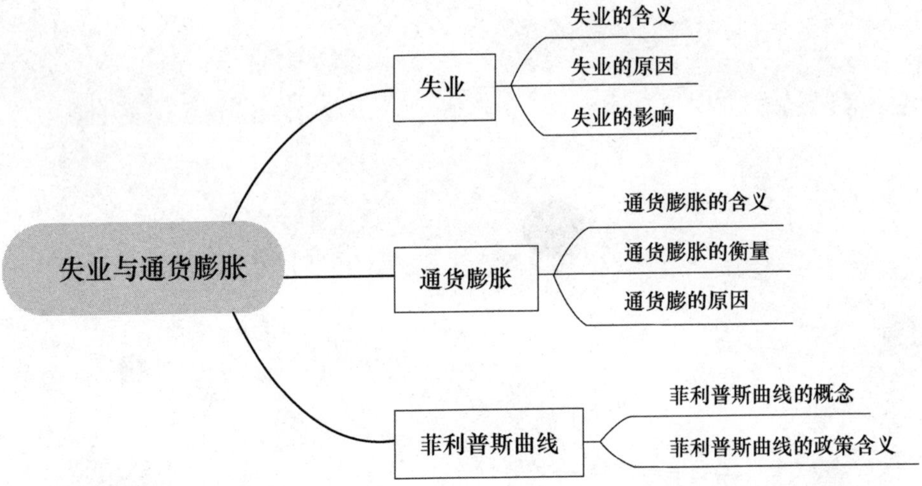

第一节　失　业

案例分析

大学生就业

就业是民生之本，大学生毕业后能顺利找到心仪的工作关系千家万户的幸福。九成以上大学已开设创业课，很多大学甚至建立了大学生创业协会，举办大学生创业比赛，这对促进就业和培养人才具有示范效应。创业能带动就业，提高就业质量，创业对学生的思维和行为习惯也有很大改变，创业者必须勇于创新，能承受挫折，能综合运用知识。

为促进大学生高质量充分就业，增强广大劳动者的获得感、幸福感和安全感，国家采取一系列措施，包括开展高校毕业生就业创业政策宣传月活动、进行供需对接就业育人项目等。这些措施旨在为大学生提供更多就业机会和创业支持，帮助他们更好地适应社会需求，实现个人价值和社会价值的统一。

此外，国家还鼓励大学生到基层和西部地区就业，参与特岗计划和西部计划，缓解就业压力的同时，也为基层和西部地区的发展注入新活力，实现个人价值与社会责任的结合。

一、失业的概念

失业，是指有劳动能力、愿意接受现行工资水平但仍找不到工作的情况。

失业人口与就业人口之和就是劳动人口。失业率，是指失业人口占劳动人口的比重。

二、失业的原因

1. 摩擦性失业

摩擦性失业，是指从一个工作转换到另一个工作的过渡中所产生的失业。

2. 结构性失业

结构性失业，是指由劳动者缺乏新工作岗位所要求的技能而产生的失业。产业衰落、技术进步所引起的失业都属于结构性失业。

3. 周期性失业

周期性失业，是指经济发展处于经济周期中的衰退或萧条时，社会总需求不足，厂商生产规模缩小，导致较为普遍的失业现象。

自然失业率，是指经济中消灭了周期性失业以后的失业率，即摩擦性失业和结构性失业占劳动人口的比重。当一个社会只有摩擦性失业和结构性失业时，这个社会就实现了充分就业。

三、失业的影响

1. 失业对经济的影响

失业降低实际 GDP。奥肯定律指出，失业率每高于自然失业率 1%，实际 GDP 将低于潜在 GDP 2%。奥肯定律的一个重要结论是实际 GDP 必须保持与潜在 GDP 同样快的增长，以防止失业率上升。如果政府想让失业率下降，那么该国实际 GDP 增长必须快于潜在 GDP 增长。

2. 失业对社会的影响

失业的社会影响最易为人们感受到。失业威胁着家庭稳定，没有收入，家庭的需要得不到满足，家庭关系将受到损害；失业者的自尊和自信受到影响，情感受到打击。

经济历史

奥肯定律

阿瑟·奥肯（1928—1980）是美国新泽西州泽西城人，美国经济学家，支持凯恩斯主义。1956 年获哥伦比亚大学经济学博士学位，后任教于耶鲁大学，讲授经济学。他长期致力于宏观经济理论及经济预测研究，并从事政策制定及分析。

阿瑟·奥肯通过研究美国失业率与实际GDP增长率之间的关系，得出结论即失业率每高于自然失业率1%，实际GDP便低于潜在GDP 2%，这个结论被称为奥肯定律。潜在GDP概念由奥肯首先提出，是指在保持价格相对稳定情况下，一国经济所生产的最大产值，也称为充分就业GDP。奥肯定律说明了失业给实际GDP增长带来的损失，因此在经济工作中只有降低失业率，才能保证国民经济的稳定增长。

第二节　通货膨胀

案例分析

阿根廷通货膨胀

以足球和农牧产品闻名世界的阿根廷，多年来饱受通货膨胀的困扰。老百姓在日常生活的感受是切身的，物价飞涨令民众苦不堪言，为了应对手中货币不断贬值，阿根廷民众千方百计地持有更保值的资产，如美元、黄金，甚至汽车、大豆等。

2014年1月初，阿根廷政府为应对通货膨胀，实施对物品价格的强行管制，从牛奶、面包、肉类等食品到清洁用具等生活必需品，均被要求不得涨价，这些措施并不能从根本上解决通货膨胀问题。持续的通货膨胀迫使政府实施全面价格管制措施，但是这些措施会降低市场竞争和经济活力。

一、通货膨胀的概念

通货膨胀，是指纸币发行量超过商品流通中实际需要的货币量引起纸币贬值、物价上涨的现象，即经济社会在一定时期价格水平持续显著上涨。

宏观经济学用价格指数描述整个经济中各种产品和劳务价格的总体平均数，即价格水平。价格指数主要有消费价格指数（CPI）、生产价格指数（PPI）、GDP平减指数。

二、通货膨胀程度的衡量

通货膨胀程度通常用通货膨胀率衡量。通货膨胀率，是指从一个时期到另一个时期价格水平变动的百分比，用公式表示为

$$\pi_t=\frac{p_t-p_{t-1}}{p_{t-1}}$$

其中，π_t 为 t 时期的通货膨胀率，p_t 和 p_{t-1} 分别为 t 时期和 $t-1$ 时期的价格水平。

假定一个经济的消费价格指数从上年的 100 增加到当年的 127，那么这一时期的通货膨胀率为 $\frac{127-100}{100}\times100\%=27\%$

三、通货膨胀的原因

1. 货币数量论

美国经济学家欧文·费雪提出交易方程：

$$MV=Py$$

其中，M 为流通中的货币数量，V 为货币流通速度，P 为价格总水平或价格指数，y 为一国实际国民收入。V 由公众支付习惯、使用信用范围大小、交通和通信方便与否等制度因素决定，在短期内不会迅速变化；y 取决于资源、技术条件，在充分就业状态下没有太大变化，V 和 y 被视为常量；价格水平 P 随着货币数量 M 正比例发生变化。央行迅速增加货币供给，物价上涨，会引发通货膨胀。

2. 需求拉动的通货膨胀

需求拉动的通货膨胀又称超额需求通货膨胀，是指总需求超过总供给所引起的一般价格水平持续显著上涨。总需求过度增长可能来自消费需求、投资需求、政府需求及国外需求。

3. 成本推动的通货膨胀

成本推动的通货膨胀是指在总需求不变情况下，由于供给方面成本提高所引起的一般价格水平持续显著上涨，包括工资推动的通货膨胀、原材料成本推动的通货膨胀和利润推动的通货膨胀。

4. 结构性通货膨胀

结构性通货膨胀，是指由于某些部门的产品需求过多，这些部门物价和工资水平上升，之后其他部门物价和工资水平要向这些经济部门看齐，也都趋于上升，便出现全面通货膨胀。

经济历史

通货膨胀

通货膨胀是物价总体水平持续上升，相反，物价总水平持续下降就是通货紧缩。在法定货币流通情况下，通货膨胀成为各国普遍存在的现象，稳定物价成为许多国家宏观经济政策的重要目标之一。

通货膨胀的严重程度根据通货膨胀率确定，而通货膨胀率根据物价指数计算得出，即年通货膨胀率=（今年物价指数–去年物价指数）/去年物价指数。根据通货膨胀率，可以将通货膨胀分为三类：温和的通货膨胀、加速的通货膨胀和可预期的通货膨胀。温和的通货膨胀，是指通货膨胀率低而稳定的通货膨胀，现实经济生活中零通货膨胀难以实现，保持温和的通货膨胀就实现了物价稳定；加速的通货膨胀，是指通货膨胀率较高且不断加剧的通货膨胀；可预期的通货膨胀，是指人们预期的通货膨胀率与实际发生的通货膨胀率相一致的通货膨胀。

第三节　菲利普斯曲线

案例分析

中国 2007—2008 年通货膨胀

（根据高鸿业《西方经济学》的相关资料整理）

自 2007 年下半年开始，我国居民消费价格指数（CPI）就一直居高不下，通货膨胀压力逐步增长，经济开始进入“高增长、高通胀”的时期。2007 年年底，中央经济工作会议提出宏观调控的重点是“双防”，即防止经济增长由偏快转为过热，防止物价结构性上涨转变为明显的通货膨胀。高物价仍然给经济正常运行带来较大压力，中国人民银行频繁提高利息和存款准备金率。在各方面因素的作用下，CPI 开始下滑，该次通货膨胀形成了一个先上升达到高峰，然后再连续下降的过程。

一、菲利普斯曲线的含义

菲利普斯曲线是用来描述失业率与通货膨胀率之间替代关系的曲线。失业率与通货膨胀率之间存在反向变动关系，当失业率高时，通货膨胀率低；当失业率低时，通货膨胀率高。

如图 11-1 所示，横轴表示失业率 u，纵轴表示通货膨胀率 π，向右下方倾斜的曲线 PC 即为菲利普斯曲线，菲利普斯曲线说明失业率与通货膨胀率之间存在替代关系。

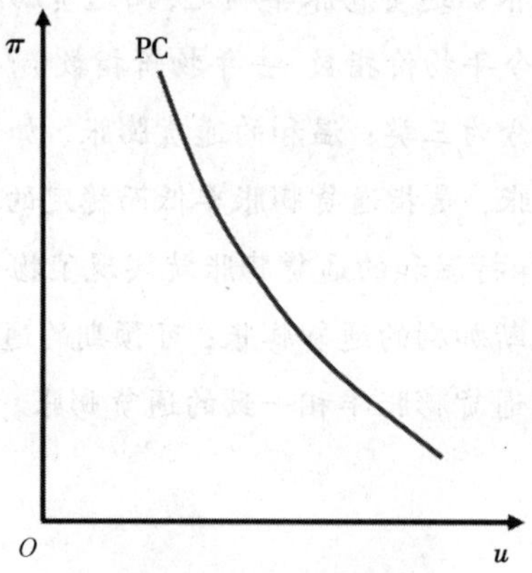

图 11-1 菲利普斯曲线

失业率高表明经济处于萧条阶段，此时工资与物价水平都较低，从而通货膨胀率也低；失业率低表明经济处于繁荣阶段，此时工资与物价水平都较高，从而通货膨胀率也高。

二、菲利普斯曲线的政策含义

菲利普斯曲线是西方宏观经济政策分析的基石，它表明政策制定者可以选择不同的失业率和通货膨胀率组合，可以用一定的通货膨胀率增加换取一定的失业率减少，或者用一定的失业率增加换取一定的通货膨胀率减少。

经济历史

菲利普斯

菲利普斯（1914—1975）出生于新西兰的一个农民家庭，于 1958 年提出菲利普斯曲线。他 15 岁因生活所迫到澳大利亚金矿做工，晚上收工后在昏暗的灯光下自学电机工程。1937 年他在伦敦电力局找到工作，参加了英国电机工程师协会。第二次世界大战后，菲利普斯脱下军装，到伦敦经济学院学习社会学，课堂上接触到经济学，并深深为之吸引。真正触发菲利普斯灵感的是经济学把国民收入视为循环流量和把经济系统视为水压机的想法，菲利普斯据此设计解释凯恩斯经济学的教学模型。

1958 年菲利普斯发表著名的《1861—1957 年英国失业率和货币工资变化率之间的关系》，最先提出菲利普斯曲线，他利用近 100 年英国工资的统计资料，讨论了工资变动率和失业率之间的关系。经济学家对此进行了大量的理论解释，尤其是萨缪尔森和索洛将原来表示失业率与货币工资率之间交替关系的菲利普斯曲线发展成为表示失业率与通货膨胀率之间交替关系的曲线。

第十二章　经济增长与经济周期

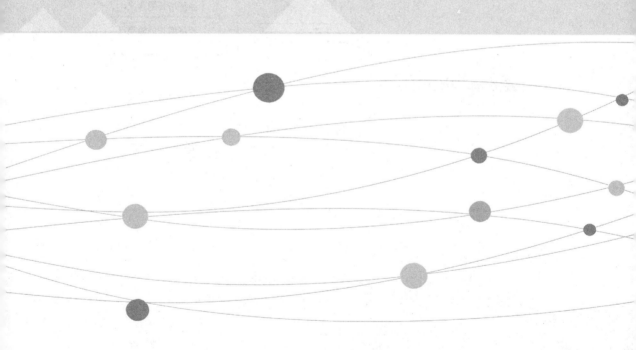

学习目标

知识目标：

1. 熟悉经济增长的源泉。
2. 理解经济周期的含义及分类。

能力目标：

1. 能分析促进经济增长的政策。
2. 能运用经济周期理论分析宏观经济运行情况。

思维导图

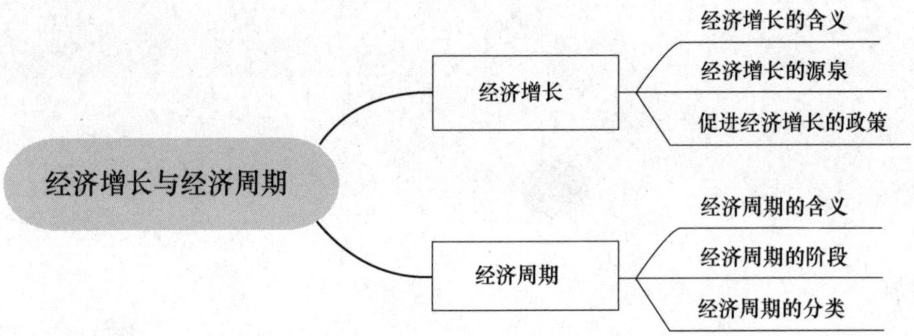

第一节　经济增长

案例分析

中国经济增长

（根据《人民日报》的相关资料整理）

2023 年在瑞士达沃斯召开的世界经济论坛年会上，中国经济前景被全世界看好。面对全球经济衰退的风险和挑战，中国经济逆风而上、顶住压力持续推动向前发展。2022 年中国国内生产总值超过 120 万亿元，比上年增长 3%。粮食产量实现连年增加，工业发展稳步推进，进出口持续增加，就业物价总体稳定，群众幸福感不断提高，逐步实现高质量发展。

在国际形势依然严峻的情况下，中国通过制定科学的政策，不断加快构建新发展格局，推动经济高质量发展，对亚洲乃至全球经济发展带来积极影响。

一、经济增长的含义

经济增长，是指一个国家或地区生产商品和服务能力的增长，即产量的增加，这里的产量既可以指经济总产量，也可以指人均产量。

二、经济增长的源泉

无论发展中国家还是发达国家，其经济增长的源泉都包括四方面因素：劳动、资本、自然资源和技术。总生产函数可表示为

$$Q=A\times f（K，L，R）$$

其中，Q 为产出，K 为资本，L 为劳动力，R 为自然资源，A 为技术水平，f 为生产函数。提高潜在产出有两条途径：一是增加可供使用的资源数量，如增加劳动、资本和自然资源供给，可以增加产出水平；二是使用更多更好的生产技术，如新技术、新方法等，也可以增加产出水平。

三、促进经济增长的政策

1. 鼓励技术进步

技术进步会引起经济增长。政府在改善技术进步方面的一个重要领域是教育，一支高素质的研发团队是改善技术进步的关键因素之一。

2. 鼓励资本形成

增加资本会引起经济增长。政府鼓励资本形成主要归结为鼓励储蓄和投资。

政府可以鼓励私人部门提高储蓄和投资，也可以通过公共投资的方式直接促进资本形成，如修建铁路、公路、桥梁、机场等。

另外，政府也要使用外国投资。虽然这种投资的一部分收益属于外国所有者，但这种投资增加了该国的资本存量，提高了该国的生产率，所以许多发展中国家都制定了鼓励外国投资的政策。

3. 增加劳动供给

增加劳动供给会引起经济增长。

所得税减免是加强激励、促使人们努力工作的一个途径。

人力资本，是指劳动者通过教育和培训所获得的知识和技能，政府提供良好的教育、培训体系，并鼓励人们利用这样的体系，可以提高人力资本，促进经济增长。

4. 建立适当的制度

经济增长不仅取决于资源投入量，也取决于生产效率。各国生产效率不同的一个原因是指导稀缺资源配置的制度不同，因此创建适当的制度对经济增长是非常必要的。

制度，是指能支配个人和企业行为的一套规则、体制和惯例。影响经济增长最基础、最根本的制度是产权，即对财产的保护，以免被他人占用。维护产权的基本方式是法制。

经济历史

货币主义

第二次世界大战后，凯恩斯主义扩大有效需求的管理政策，在刺激生产发展、延缓经济危机等方面起到一定作用，但却引起持续的通货膨胀，特别是出现高通货膨胀与高失业同时并存的滞胀现象，凯恩斯主义理论无法作出解释，于是出现货币主义。

货币主义创始人为美国芝加哥大学教授弗里德曼，该理论因强调货币在国民经济中的重大作用而得名。货币主义以货币数量为立足点，主张采取控制货币数量的金融政策消除通货膨胀。货币主义认为，货币供应量及变动是影响经济活动和物价水平的最主要因素，货币发行的价值总量不能大于商品价值总量，否则会引起物价全面上涨，主张实行单一规则货币政策，即政府公开宣布一个长期固定的货币供应量年增长率，这一增长率应与实际国民收入增长率大体一致，保持基本稳定的物价水平。

第二节　经济周期

案例分析

新质生产力

新质生产力是创新起主导作用，摆脱传统经济增长方式、生产力发展路径，具有高科技、高效能、高质量特征，符合新发展理念的先进生产力质态。它由技术革命性突破、生产要素创新性配置、产业深度转型升级而催生。以劳动者、劳动资料、劳动对象及其优化组合跃升为基本内涵，以全要素生产率大幅提升为核心标志，特点是创新，关键在质优，本质是先进生产力。

党的二十届三中全会提出要健全因地制宜发展新质生产力体制机制，健全促进实体经济和数字经济深度融合制度，完善发展服务业体制机制，健全现代化基础设施建设体制机制，健全提升产业链供应链韧性和安全水平制度。

一、经济周期的含义

经济周期，是指国民收入及经济活动沿着经济发展的总体趋势所经历的有规律的周期性波动。

经济周期是经济增长率上升或下降的交替过程，下降不一定表现为 GDP 绝对量下降，主要表现为 GDP 增长率下降。

二、经济周期的阶段

一个完整的经济周期包括四个阶段：复苏、繁荣、衰退、萧条。

复苏和繁荣为扩张阶段，是总需求和经济活动增长时期，通常伴随着就业、生产、工资、利率、利润的上升。

衰退和萧条为收缩阶段，是总需求和经济活动下降时期，通常伴随着就业、生产、工资、利率、利润的下降。

繁荣和萧条是两个主要阶段，衰退和复苏是两个过渡阶段。

三、经济周期的分类

1. 康德拉季耶夫周期

康德拉季耶夫周期是苏联经济学家康德拉季耶夫于 1925 年提出的一种长达 50～60 年的经济周期，该周期通过研究美国、英国、法国和其他一些国家长期的时间序列资料提出，是经济的长周期。

2. 朱格拉周期

朱格拉周期是法国经济学家朱格拉提出的一种为期 9～10 年的经济周期，该周期以国民收入、失业率和大多数经济部门的生产、利润和价格的波动为标志加以划分，是经济的中周期。

3. 基钦周期

基钦周期是英国经济学家基钦提出的一种为期 3～4 年的经济周期。基钦认为，经济周期有主要周期与次要周期，主要周期即中周期，次要周期为3～4年的短周期，即基钦周期。

4. 库兹涅茨周期

库兹涅茨周期是美国经济学家库兹涅茨提出的一种为期15～25年、平均长度为20年左右的经济周期，该周期主要以建筑业的兴旺和衰落这一周期性波动现象为标志加以划分，也被称为建筑周期。

5. 熊彼特周期

熊彼特周期是熊彼特以他的创新理论为基础，对各种周期理论进行综合分析提出的。熊彼特认为，每一个长周期包括6个中周期，每一个中周期包括3个短周期。短周期约为40个月，中周期为9～10年，长周期为48～60年。他以重大创新为标志，划分了三个长周期：第一个长周期从18世纪80年代到1842年，是产业革命时期；第二个长周期从1842年到1897年，是蒸汽和钢铁时期；第三个长周期从1897年至今，是电气、化学和汽车时期。在每个长周期中仍有中等创新所引起的波动，形成若干个中周期，在每个中周期中还有小创新所引起的波动，形成若干个短周期。

经济历史

费里德曼

弗里德曼（1912—2006）是美国著名经济学家，货币主义经济学的领袖，诺贝尔经济学奖得主，他对20世纪货币政策产生重大影响。

1963年弗里德曼与安娜·施瓦茨合作出版的《美国货币史：1867—1960》是弗里德曼最重要的学术著作。他通过对历史数据的研究和分析，对货币供应量与宏观经济关系进行了更深入系统的阐述，指出1929—1933年大萧条的原因是货币政策错误，而非凯恩斯解释的投资不足。弗里德曼反对凯恩斯主义倡导的积极财政政策，认为通过控制货币供应量稳定增长实现价格稳定是确保宏观经济稳定的关键。在20世纪70年代滞胀时期，弗里德曼的理论受到重视，并深刻影响后来货币政策制定。他的见解强调货币政策在控制通货膨胀和促进经济稳定方面的重要性，为现代经济学提供了重要视角。

第十三章　宏观经济政策

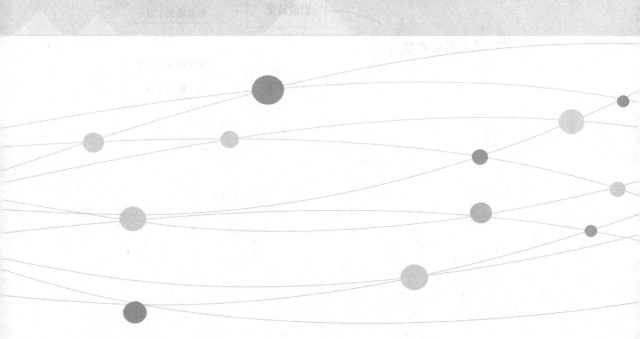

学习目标

知识目标：

1. 理解财政政策原理。
2. 理解货币政策原理。

能力目标：

能运用财政政策工具和货币政策工具分析宏观经济政策。

思维导图

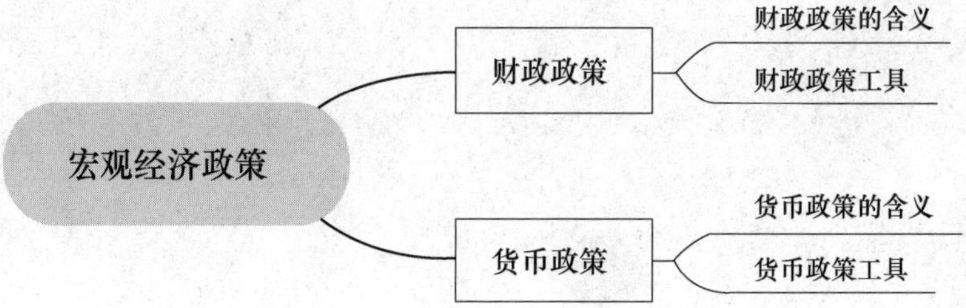

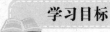

第一节　财政政策

案例分析

财政政策和货币政策

新冠疫情以来，为拉动经济增长，我国实施积极的财政政策和稳健的货币政策。在财政政策方面，政府减税降费，给予困难企业纾困资金，适度超前开展基础设施投资，扩大总需求，提高国民收入；在货币政策方面，稳健的货币政策灵活适度、保持流动性合理充裕，财政政策和货币政策协调联动，扩大内需，拉动经济增长。

宏观经济政策的目标是充分就业、物价稳定、经济增长、国际收支平衡。

宏观经济政策可分为需求管理政策和供给管理政策，主要是需求管理政策。需求管理政策包括财政政策和货币政策，本节主要介绍财政政策。

一、财政政策的含义

财政政策，是指政府变动税收和支出影响总需求，进而影响就业和国民收入的政策。

财政政策包括扩张性财政政策和紧缩性财政政策。

经济萧条时采用扩张性财政政策，主要是降低税收、增加政府购买，从而刺激投资和消费增加，扩大总需求，提高国民收入。尽管总需求增加会使货币需求增加，利率上升，挤出部分投资，但总体上国民收入增加。

经济过热时采用紧缩性财政政策，主要是提高税收、减少政府购买，从而减少投资和消费，降低总需求，减轻通货膨胀。

如图 13-1 所示，以经济萧条时政府采用扩张性财政政策为例。经济萧条时，社会资源大量闲置，可以在保持价格水平不变情况下增加总需求。如产品市场上政府购买增加，总需求从 AD_1 增加至 AD_2，使货币需求由 L_1 增加至 L_2，利率由 r_1 升至 r_2，投资下降，部分抵消了总需求最初的增加，使总需求从 AD_2 减至 AD_3，但总体上总需求增加，国民收入从 y_1 增加至 y_3。

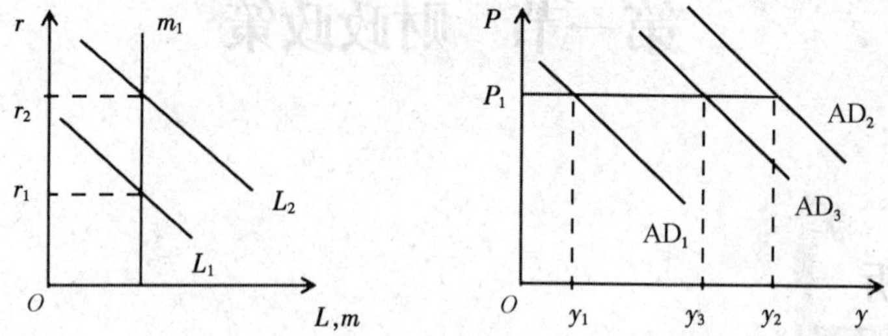

(a) 货币市场　　(b) 产品市场

图 13-1　财政政策

二、财政政策工具

国家财政由政府收入和政府支出两方面构成，政府收入包括税收和公债，政府支出包括政府购买和政府转移支付。

1. 税收

税收是政府收入中最主要的部分，具有强制性、无偿性和固定性三个基本特征。

经济萧条时，政府降低税收，个人和企业可支配收入增加，刺激消费和投资增加，扩大总需求，提高国民收入；经济过热时，政府增加税收，个人和企业可支配收入减少，抑制消费和投资，降低总需求，减轻通货膨胀。

2. 公债

公债是政府对公众的债务。当政府税收不足以弥补政府支出时，政府就会发行公债，使公债成为政府财政收入的又一组成部分。

3. 政府购买

政府购买，是指政府对产品和劳务的购买，如购买军需品、购买机关办公用品、发放政府雇员报酬、实施公共项目工程所需的支出等。政府购买是实质性支出，直接形成社会需求和购买力。

经济萧条时，增加政府购买可以增加国民收入；经济过热时，减少政府购买，降低社会总需求，减轻通货膨胀。

4. 政府转移支付

政府转移支付，是指政府在社会福利保险、贫困救济和补助等方面的支出。转移支付不能算作国民收入组成部分，是政府将收入在不同社会成员之间进行转移和重新分配，全社会总收入并没有变动。

经济萧条时，失业增加，政府提高转移支付水平，人们可支配收入增加，消费和投资增加，扩大总需求，提高国民收入；经济过热时，政府降低转移支付水平，人们可支配收入减少，消费和投资减少，降低总需求，减轻通货膨胀。

经济历史

新制度学派

20 世纪 60 年代以后，西方国家的经济发展呈现出新的特点：科学技术进步、生产扩大与生产过剩危机、社会矛盾尖锐并存。以往凯恩斯主义缺乏对社会政治、经济、文化等制度的研究，忽略技术进步对制度演进的作用，已不能适应科学技术革命产生的新情况。因此，新制度学派应运而生，代表人物有美国的加尔布雷思、博尔丁，瑞典的缪尔达尔。

新制度学派的前身是 19 世纪末 20 世纪初以凡勃伦、康蒙斯、米切尔为代表的早期制度学派，新制度学派继承了早期制度学派的传统，又根据第二次世界大战后新的政治经济条件，更注重现实问题，并提出更具体的政策建议。新制度学派指出，经济学正统理论习惯使用的数量分析只注意经济中量的变动，忽视了质的问题，即忽视了社会因素、历史因素、政治因素、心理文化因素在社会经济生活中所起的巨大作用。因此，新制度学派强调采取制度分析、结构分析方法，包括权力分析、利益集团分析、规范分析等。

第二节 货币政策

案例分析

供给侧结构性改革

党的二十大指出，我们提出并贯彻新发展理念，着力推进高质量发展，推动构建新发展格局，实施供给侧结构性改革，制定一系列具有全局性意义的区域重大战略，我国经济实力实现历史性跃升。

供给侧指供给方面，国民经济平稳发展取决于需求和供给相对平衡。供给侧结构性改革旨在调整经济结构，使要素实现最优配置，提升经济增长的质量和数量。需求侧主要有投资、消费、出口“三驾马车”，供给侧则有劳动力、土地、资本、制度、创新等要素。

目前，我国经济总体上供给规模有余而品质不足，在理论界数年调研基础上中央提出供给侧结构性改革，强调在适度扩大总需求的同时，着力加强供给侧结构性改革，着力提高供给体系质量和效率，使供给体系更适应需求结构变化，使供给侧和需求侧得以合理匹配，增强经济持续增长动力。

一、货币政策的含义

货币政策是中央银行通过银行体系变动货币供给量来调节总需求的政策。

货币政策与财政政策的不同之处在于，财政政策直接影响总需求，这种直接作用没有任何中间变量；而货币政策要通过利率变动影响总需求，是间接发挥作用。

货币政策分为扩张性货币政策和紧缩性货币政策。

经济萧条时采用扩张性货币政策，增加货币供给量，降低利率，刺激投资和消费，扩大总需求，提高国民收入。

经济过热时采用紧缩性货币政策，减少货币供给量，提高利率，减少投资和消费，降低总需求，减轻通货膨胀。

如图 13-2 所示，以经济萧条时政府采用扩张性货币政策为例。在货币市场上，货币供给由 m_1 增加至 m_2，利率由 r_1 降至 r_2，减少贷款成本和储蓄收益，刺激投资和消费增加，在产品市场上总需求由 AD_1 增加至 AD_2，国民收入由 y_1 增加到 y_2。

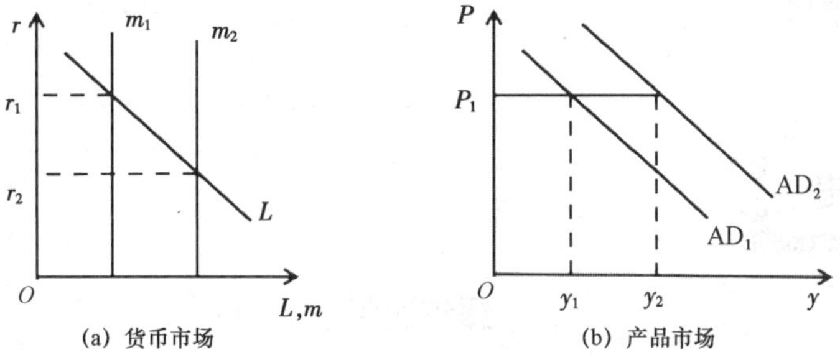

图 13-2 扩张性货币政策

二、货币政策工具

中央银行一般通过公开市场业务、再贴现率和法定准备金率三种主要的货币政策工具来改变货币供给量，以达到宏观经济调控的目标。

1. 公开市场业务

公开市场业务，是指中央银行在金融市场上公开买卖政府债券以控制货币供给量和利率的政策行为，是目前中央银行控制货币供给量最重要最常用的工具。

中央银行买进债券，货币供给量增加；中央银行卖出债券，货币供给量减少。

2. 再贴现率

再贴现率，是指中央银行对商业银行及其他金融机构的贷款利率。

中央银行提高再贴现率，商业银行向中央银行借款减少，货币供给量减少；中央银行降低再贴现率，商业银行向中央银行借款增加，货币供给量增加。

3. 法定准备金率

商业银行吸收的存款不管是否为活期存款，银行都有随时给客户提取的义务，即使是定期存款，客户也可以在一定条件下将其变成活期存款。尽管如此，很少出现所有储户在同一时间取走全部存款的现象，所以银行可以把绝大部分存款用于贷款或购买短期债券等盈利活动，只需留下一部分存款作为应付提款需要的准备金。

这种经常保留的供支付存款提取用的一定金额称为存款准备金。存款准备金在存款中应当占的最低比率由中央银行规定，这一比率为法定准备金率，按法定准备金率提留的准备金是法定准备金。

中央银行提高法定准备金率，货币供给量减少；中央银行降低法定准备金率，货币供给量增加。

经济历史

缪尔达尔

缪尔达尔（1898—1987）出生于瑞典古斯塔夫，是新制度学派主要代表人物之一。1923 年他从斯德哥尔摩大学毕业后从事律师工作，并继续读书，1927 年获经济学博士学位，并任该校政治经济学讲师，1933 年任斯德哥尔摩大学政治经济学和财政学教授，他还积极参加社会政治活动，1974 年他和弗里德里希·奥古斯特·冯·哈耶克一起荣获诺贝尔经济学奖。

1929—1933 年世界经济危机严重影响了瑞典经济和人民生活，而社会上另一部分人收入和财富却不断增加，这种不平等状况促使缪尔达尔开始研究社会平等问题，使其研究方向从传统经济学转向制度经济学。缪尔达尔主要贡献是提出循环积累因果联系理论。他认为传统经济学把生产与分配截然分开，往往忽视社会平等，更不关心不发达国家的贫困，避开价值判断，只重视静态均衡分析。所以，他认为经济学价值判断标准应该是社会平等和经济进步，在动态社会中各种因素存在循环积累因果联系，经济学研究要把经济因素与制度等因素结合起来综合分析，探求其因果联系。

参考文献

[1] 高鸿业．西方经济学［M］．7版．北京：中国人民大学出版社，2018.

[2] 唐树伶．经济学基础［M］．3版．北京：高等教育出版社，2018.

[3] 胡德华，吕昭江，陈锋．西方经济学基础［M］．杭州：浙江大学出版社，2013.

[4]《西方经济学》编写组．西方经济学［M］．北京：高等教育出版社，2019.

[5] 赵娟霞．西方经济学案例教程［M］．太原：山西经济出版社，2016.

[6] 黄友牛．图说经济学［M］．北京：华文出版社，2009.